Friedrich Nietzsche
Vom Nutzen und Nachtheil der Historie für das Leben

dtv
Die Taschenbibliothek

Ungekürzte Fassung

Januar 1996
Deutscher Taschenbuch Verlag GmbH & Co. KG,
München
© 1996 Deutscher Taschenbuch Verlag, München
Umschlaggestaltung: Balk & Brumshagen
Umschlagbild: ›Wagen des Apollo‹ (1819) von Peter von Cornelius
Satz: Design-Typo-Print, Ismaning
Druck und Bindung: C.H. Beck'sche Buchdruckerei,
Nördlingen
Printed in Germany · ISBN 3-423-08316-6

Vorwort

»Uebrigens ist mir Alles verhasst, was mich bloss belehrt, ohne meine Thätigkeit zu vermehren, oder unmittelbar zu beleben«. Dies sind Worte Goethes, mit denen, als mit einem herzhaft ausgedrückten Ceterum censeo, unsere Betrachtung über den Werth und den Unwerth der Historie beginnen mag. In derselben soll nämlich dargestellt werden, warum Belehrung ohne Belebung, warum Wissen, bei dem die Thätigkeit erschlafft, warum Historie als kostbarer Erkenntnis-Ueberfluss und Luxus uns ernstlich, nach Goethes Wort, verhasst sein muss – deshalb, weil es uns noch am Nothwendigsten fehlt, und weil das Ueberflüssige der Feind des Nothwendigen ist. Gewiss, wir brauchen die Historie, aber wir brauchen sie anders, als sie der verwöhnte Müssiggänger im Garten des Wissens braucht, mag derselbe auch vornehm auf unsere derben und anmuthlosen Bedürfnisse und Nöthe herabsehen. Das heisst, wir brauchen sie zum Leben und zur That, nicht zur bequemen Abkehr vom Leben und von der That oder gar zur Beschönigung des selbstsüchtigen Lebens und der feigen und schlechten That. Nur soweit die Historie dem Leben dient, wollen wir ihr dienen: aber es giebt einen Grad, Historie zu treiben und eine Schätzung derselben, bei der das Leben verkümmert und entartet: ein Phänomen, welches an merkwürdigen Symptomen unserer Zeit sich zur Erfahrung zu bringen jetzt eben so nothwendig ist als es schmerzlich sein mag.

Ich habe mich bestrebt eine Empfindung zu schildern, die mich oft genug gequält hat; ich räche mich an ihr, indem ich sie der Oeffentlichkeit preisgebe. Vielleicht wird irgend Jemand durch eine solche Schilderung veranlasst, mir zu erklären, dass er diese Empfindung zwar auch kenne, aber dass ich sie nicht rein und ursprünglich genug empfunden und durchaus nicht mit der gebührenden Sicherheit und Reife der Erfahrung ausgesprochen habe. So vielleicht der Eine oder der Andere; die Meisten aber werden mir sagen, dass es eine ganz verkehrte, unnatürliche, abscheuliche und schlechterdings unerlaubte Empfindung sei, ja dass ich mich mit derselben der so mächtigen historischen Zeitrichtung unwürdig gezeigt habe, wie sie bekanntlich seit zwei Menschenaltern unter den Deutschen namentlich zu bemerken ist. Nun wird jedenfalls dadurch, dass ich mich mit der Naturbeschreibung meiner Empfindung hervorwage, die allgemeine Wohlanständigkeit eher gefördert als beschädigt, dadurch dass ich Vielen Gelegenheit gebe, einer solchen Zeitrichtung, wie der eben erwähnten, Artigkeiten zu sagen. Für mich aber gewinne ich etwas, was mir noch mehr werth ist als die Wohlanständigkeit – öffentlich über unsere Zeit belehrt und zurecht gewiesen zu werden.

Unzeitgemäss ist auch diese Betrachtung, weil ich etwas, worauf die Zeit mit Recht stolz ist, ihre historische Bildung, hier einmal als Schaden, Gebreste und Mangel der Zeit zu verstehen versuche, weil ich sogar glaube, dass wir Alle an einem verzehrenden historischen Fieber leiden und mindestens erkennen sollten, dass wir daran leiden. Wenn aber Goethe mit gutem Rechte gesagt hat, dass wir mit unseren Tugenden zugleich auch unsere Fehler anbauen, und wenn, wie Jedermann weiss, eine hypertrophische Tugend – wie sie mir der historische Sinn unserer Zeit zu sein scheint – so gut zum Verderben eines Volkes werden kann wie ein hypertrophisches Laster: so mag man mich nur einmal gewähren lassen. Auch soll zu meiner Entlastung nicht verschwiegen werden, dass ich die Erfahrungen, die mir jene quälenden Empfindungen erregten, meistens aus mir selbst und nur zur Vergleichung aus Anderen entnommen habe, und dass ich nur sofern ich Zögling älterer Zeiten, zumal der griechischen bin, über mich als ein Kind dieser jetzigen Zeit zu so unzeitgemässen Erfahrungen komme. So viel muss ich mir aber selbst von Berufs wegen als classischer Philologe zugestehen dürfen: denn ich wüsste nicht, was die classische Philologie in unserer Zeit für einen Sinn hätte, wenn nicht den, in ihr unzeitgemäss – das heisst gegen die Zeit und dadurch auf die Zeit und hoffentlich zu Gunsten einer kommenden Zeit – zu wirken.

1.

Betrachte die Heerde, die an dir vorüberweidet; sie weiss nicht was Gestern, was Heute ist, springt umher, frisst, ruht, verdaut, springt wieder, und so vom Morgen bis zur Nacht und von Tage zu Tage, kurz angebunden mit ihrer Lust und Unlust, nämlich an den Pflock des Augenblickes und deshalb weder schwermüthig noch überdrüssig. Dies zu sehen geht dem Menschen hart ein, weil er seines Menschenthums sich vor dem Thiere brüstet und doch nach seinem Glücke eifersüchtig hinblickt – denn das will er allein, gleich dem Thiere weder überdrüssig noch unter Schmerzen leben, und will es doch vergebens, weil er es nicht will wie das Thier. Der Mensch fragt wohl einmal das Thier: warum redest du mir nicht von deinem Glücke und siehst mich nur an? Das Thier will auch antworten und sagen, das kommt daher dass ich immer gleich vergesse, was ich sagen wollte – da vergass es aber auch schon diese Antwort und schwieg: so dass der Mensch sich darob verwunderte.

Er wundert sich aber auch über sich selbst, das Vergessen nicht lernen zu können und immerfort am Vergangenen zu hängen: mag er noch so weit, noch so schnell laufen, die Kette läuft mit. Es ist ein Wunder: der Augenblick, im Husch da, im Husch vorüber, vorher ein Nichts, nachher ein Nichts, kommt doch noch als Gespenst wieder und stört die Ruhe eines späteren Augenblicks. Fortwährend löst sich ein Blatt aus der Rolle der Zeit, fällt heraus, flattert fort – und flattert plötzlich wieder zurück, dem Menschen in den Schooss. Dann sagt der Mensch »ich erinnere mich« und beneidet das Thier, welches sofort vergisst und jeden Augenblick wirklich sterben, in Nebel und Nacht zurücksinken und auf immer erlöschen sieht. So lebt das Thier *unhistorisch*: denn es geht auf in der Gegenwart, wie eine Zahl, ohne dass ein wunderlicher Bruch übrig bleibt, es weiss sich nicht zu verstellen, verbirgt nichts und erscheint in jedem Momente ganz und gar als das was es ist, kann also gar nicht anders sein als ehrlich. Der Mensch hingegen stemmt sich gegen die grosse und immer grössere Last des Vergangenen: diese drückt ihn nieder oder beugt ihn seitwärts, diese beschwert seinen Gang als eine unsichtbare und dunkle Bürde, welche er zum Scheine einmal verläugnen kann, und welche er im Umgange mit seines Gleichen gar zu gern verläugnet: um ihren Neid zu wecken. Deshalb ergreift es ihn, als ob er eines verlorenen Paradieses gedächte, die weidende Heerde oder, in vertrauterer Nähe, das Kind zu sehen, das noch nichts Vergangenes zu verläugnen hat und zwischen den Zäunen der Vergangenheit und der Zukunft in überseliger Blindheit spielt. Und doch muss ihm sein Spiel gestört werden: nur zu zeitig wird es aus der Vergessenheit heraufgerufen. Dann lernt es das Wort »es war« zu verstehen, jenes Losungswort, mit dem Kampf, Leiden und Ueberdruss an den Menschen herankommen, ihn zu erinnern, was sein Dasein im Grunde ist – ein nie zu vollendendes

Imperfectum. Bringt endlich der Tod das ersehnte Vergessen, so unterschlägt er doch zugleich dabei die Gegenwart und das Dasein und drückt damit das Siegel auf jene Erkenntniss, dass Dasein nur ein ununterbrochenes Gewesensein ist, ein Ding, das davon lebt, sich selbst zu verneinen und zu verzehren, sich selbst zu widersprechen.

Wenn ein Glück, wenn ein Haschen nach neuem Glück in irgend einem Sinne das ist, was den Lebenden im Leben festhält und zum Leben fortdrängt, so hat vielleicht kein Philosoph mehr Recht als der Cyniker: denn das Glück des Thieres, als des vollendeten Cynikers, ist der lebendige Beweis für das Recht des Cynismus. Das kleinste Glück, wenn es nur ununterbrochen da ist und glücklich macht, ist ohne Vergleich mehr Glück als das grösste, das nur als Episode, gleichsam als Laune, als toller Einfall, zwischen lauter Unlust, Begierde und Entbehren kommt. Bei dem kleinsten aber und bei dem grössten Glücke ist es immer Eines, wodurch Glück zum Glücke wird: das Vergessen-können oder, gelehrter ausgedrückt, das Vermögen, während seiner Dauer unhistorisch zu empfinden. Wer sich nicht auf der Schwelle des Augenblicks, alle Vergangenheiten vergessend, niederlassen kann, wer nicht auf einem Punkte wie eine Siegesgöttin ohne Schwindel und Furcht zu stehen vermag, der wird nie wissen, was Glück ist und noch schlimmer: er wird nie etwas thun, was Andere glücklich macht. Denkt euch das äusserste Beispiel, einen Menschen, der die Kraft zu vergessen gar nicht besässe, der verurtheilt wäre, überall ein Werden zu sehen: ein Solcher glaubt nicht mehr an sein eigenes Sein, glaubt nicht mehr an sich, sieht alles in bewegte Punkte auseinander fliessen und verliert sich in diesem Strome des Werdens: er wird wie der rechte Schüler Heraklits zuletzt kaum mehr wagen den Finger zu heben. Zu allem Handeln gehört Vergessen: wie zum Leben alles Organischen nicht nur Licht, sondern auch Dunkel gehört. Ein Mensch, der durch und durch nur historisch empfinden wollte, wäre dem ähnlich, der sich des Schlafens zu enthalten gezwungen würde, oder dem Thiere, das nur vom Wiederkäuen und immer wiederholten Wiederkäuen leben sollte. Also: es ist möglich, fast ohne Erinnerung zu leben, ja glücklich zu leben, wie das Thier zeigt; es ist aber ganz und gar unmöglich, ohne Vergessen überhaupt zu leben. Oder, um mich noch einfacher über mein Thema zu erklären: *es giebt einen Grad von Schlaflosigkeit, von Wiederkäuen, von historischem Sinne, bei dem das Lebendige zu Schaden kommt, und zuletzt zu Grunde geht, sei es nun ein Mensch oder ein Volk oder eine Cultur.*

Um diesen Grad und durch ihn dann die Grenze zu bestimmen, an der das Vergangene vergessen werden muss, wenn es nicht zum Todtengräber des Gegenwärtigen werden soll, müsste man genau wissen, wie gross die *plastische Kraft* eines Menschen, eines Volkes, einer Cultur ist, ich meine jene Kraft, aus sich heraus eigenartig zu wachsen, Vergangenes und Fremdes umzubilden und einzuverleiben, Wunden auszuheilen, Verlorenes zu ersetzen, zerbrochene Formen aus sich nachzuformen. Es giebt Menschen die diese Kraft so wenig besitzen, dass sie an einem einzigen Erlebniss, an einem einzigen Schmerz, oft zumal an einem einzigen zarten Unrecht, wie an einem ganz kleinen blutigen Risse unheilbar verbluten; es giebt auf der anderen Seite solche, denen die wildesten und schauerlichsten Lebensunfälle und selbst Thaten der eigenen Bosheit so wenig anhaben, dass sie es mitten darin oder kurz darauf zu einem leidlichen Wohlbefinden und zu einer Art ruhigen Gewissens bringen. Je stärkere Wurzeln die innerste Natur eines Menschen hat, um so mehr wird er auch von der Vergangenheit sich aneignen oder anzwingen; und dächte man sich die mächtigste und ungeheuerste Natur, so wäre sie daran zu erkennen, dass es für sie gar keine Grenze des historischen Sinnes geben würde, an der er überwuchernd und schädlich zu wirken vermöchte; alles Vergangene, eigenes und fremdestes, würde sie an sich heran, in sich hineinziehen und gleichsam zu Blut umschaffen. Das was eine solche Natur nicht bezwingt, weiss sie zu vergessen; es ist nicht mehr da, der Horizont ist geschlossen und ganz, und nichts vermag daran zu erinnern, dass es noch jenseits desselben Menschen, Leidenschaften, Lehren, Zwecke giebt. Und dies ist ein allgemeines Gesetz: jedes Lebendige kann nur innerhalb eines Horizontes gesund, stark und fruchtbar werden; ist es unvermögend einen Horizont um sich zu ziehen und zu selbstisch wiederum, innerhalb eines fremden den eigenen Blick einzuschliessen, so siecht es matt oder überhastig zu zeitigem Untergange dahin. Die Heiterkeit, das gute Gewissen, die frohe That, das Vertrauen auf das Kommende – alles das hängt, bei dem Einzelnen wie bei dem Volke, davon ab, dass es eine Linie giebt, die das Uebersehbare, Helle von dem Unaufhellbaren und Dunkeln scheidet, davon dass man eben so gut zur rechten Zeit zu vergessen weiss, als man sich zur rechten Zeit erinnert, davon dass man mit kräftigem Instincte herausfühlt, wann es nöthig ist, historisch, wann unhistorisch zu empfinden. Dies gerade ist der Satz, zu dessen Betrachtung der Leser eingeladen ist: *das Unhistorische und das Historische ist gleichermaassen für die Gesundheit eines Einzelnen, eines Volkes und einer Cultur nöthig.*

Hier bringt nun Jeder zunächst eine Beobachtung mit: das historische Wissen und Empfinden eines Menschen kann sehr beschränkt, sein Horizont eingeengt wie der eines Alpenthal-Bewohners sein, in jedes Urtheil mag er eine Ungerechtigkeit, in jede Erfahrung den Irrthum legen, mit ihr der Erste zu sein – und trotz aller Ungerechtigkeit und allem Irrthum steht er doch in unüberwindlicher Gesundheit und Rüstigkeit da und erfreut jedes Auge; während dicht neben ihm der bei weitem Gerechtere und Belehrtere kränkelt und zusammenfällt, weil die Linien seines Horizontes immer von Neuem unruhig sich verschieben, weil er sich aus dem viel zarteren Netze seiner Gerechtigkeiten und Wahrheiten nicht wieder zum derben Wollen und Begehren herauswinden kann. Wir sahen dagegen das Thier, das ganz unhistorisch ist und beinahe innerhalb eines punktartigen Horizontes wohnt und doch in einem gewissen Glücke, wenigstens ohne Ueberdruss und Verstellung lebt; wir werden also die Fähigkeit, in einem bestimmten Grade unhistorisch empfinden zu können, für die wichtigere und ursprünglichere halten müssen, insofern in ihr das Fundament liegt, auf dem überhaupt erst etwas Rechtes, Gesundes und Grosses, etwas wahrhaft Menschliches wachsen kann. Das Unhistorische ist einer umhüllenden Atmosphäre ähnlich, in der sich Leben allein erzeugt, um mit der Vernichtung dieser Atmosphäre wieder zu verschwinden. Es ist wahr: erst dadurch, dass der Mensch denkend, überdenkend, vergleichend, trennend, zusammenschliessend jenes unhistorische Element einschränkt, erst dadurch dass innerhalb jener umschliessenden Dunstwolke ein heller, blitzender Lichtschein entsteht, also erst durch die Kraft, das Vergangene zum Leben zu gebrauchen und aus dem Geschehenen wieder Geschichte zu machen, wird der Mensch zum Menschen: aber in einem Uebermaasse von Historie hört der Mensch wieder auf, und ohne jene Hülle des Unhistorischen würde er nie angefangen haben und anzufangen wagen. Wo finden sich Thaten, die der Mensch zu thun vermöchte, ohne vorher in jene Dunstschicht des Unhistorischen eingegangen zu sein? Oder um die Bilder bei Seite zu lassen und zur Illustration durch das Beispiel zu greifen: man vergegenwärtige sich doch einen Mann, den eine heftige Leidenschaft, für ein Weib oder für einen grossen Gedanken, herumwirft und fortzieht; wie verändert sich ihm seine Welt! Rückwärts blickend fühlt er sich blind, seitwärts hörend vernimmt er das Fremde wie einen dumpfen bedeutungsleeren Schall; was er überhaupt wahrnimmt, das nahm er noch nie so wahr; so fühlbar nah, gefärbt, durchtönt, erleuchtet, als ob er es mit allen Sinnen zugleich ergriffe. Alle Werthschätzungen sind verändert und entwerthet; so vieles vermag er nicht mehr zu schätzen, weil er es kaum mehr fühlen kann: er fragt sich ob er so lange der Narr fremder Worte, fremder Meinungen gewesen sei; er wundert sich, dass sein Gedächtniss sich unermüdlich in einem Kreise dreht und doch zu schwach und müde ist, um nur einen einzigen Sprung aus diesem Kreise heraus zu machen. Es ist der ungerechteste Zustand von der Welt, eng, undankbar gegen das Vergangene, blind gegen Gefahren, taub gegen Warnungen, ein kleiner lebendiger Wirbel in einem todten Meere von Nacht und Vergessen: und doch ist dieser Zustand – unhistorisch, widerhistorisch durch und durch – der Geburtsschooss nicht nur einer ungerechten, sondern vielmehr jeder rechten That; und kein Künstler wird sein Bild, kein Feldherr seinen Sieg, kein Volk seine Freiheit erreichen, ohne sie in einem derartig unhistorischen Zustande vorher begehrt und erstrebt zu haben. Wie der Handelnde, nach Goethes Ausdruck, immer gewissenlos ist, so ist er auch wissenlos, er vergisst das Meiste, um Eins zu thun, er ist ungerecht gegen das, was hinter ihm liegt und kennt nur Ein Recht, das Recht dessen, was jetzt werden soll. So liebt jeder Handelnde seine That unendlich mehr als sie geliebt zu werden verdient: und die besten Thaten geschehen in einem solchen Ueberschwange der Liebe, dass sie jedenfalls dieser Liebe unwerth sein müssen, wenn ihr Werth auch sonst unberechenbar gross wäre.

Sollte Einer im Stande sein, diese unhistorische Atmosphäre, in der jedes grosse geschichtliche Ereigniss entstanden ist, in zahlreichen Fällen auszuwittern und nachzuathmen, so vermöchte ein Solcher vielleicht, als erkennendes Wesen, sich auf einen *überhistorischen* Standpunkt zu erheben, wie ihn einmal Niebuhr als mögliches Resultat historischer Betrachtungen geschildert hat. »Zu einer Sache wenigstens,« sagt er, »ist die Geschichte, klar und ausführlich begriffen, nutz: dass man weiss, wie auch die grössten und höchsten Geister unseres menschlichen Geschlechtes nicht wissen, wie zufällig ihr Auge die Form angenommen hat, wodurch sie sehen und wodurch zu sehen sie von Jedermann gewaltsam fordern, gewaltsam nämlich, weil die Intensität ihres Bewusstseins ausnehmend gross ist. Wer dies nicht ganz bestimmt und in vielen Fällen weiss und begriffen hat, den unterjocht die Erscheinung eines mächtigen Geistes, der in eine gegebene Form die höchste Leidenschaftlichkeit bringt.« Ueberhistorisch wäre ein solcher Standpunkt zu nennen, weil Einer, der auf ihm steht, gar keine Verführung mehr zum Weiterleben und zur Mitarbeit an der Geschichte verspüren könnte, dadurch dass er die Eine Bedingung alles Geschehens, jene Blindheit und Ungerechtigkeit in der Seele des Handelnden, erkannt hätte; er wäre selbst davon geheilt, die Historie von nun an noch übermässig ernst zu nehmen: hätte er doch gelernt, an jedem Menschen, an jedem Erlebniss, unter Griechen oder Türken, aus einer Stunde des ersten oder des neunzehnten Jahrhunderts, die Frage sich zu beantworten, wie und wozu gelebt werde. Wer seine Bekannten fragt, ob sie die letzten zehn oder zwanzig Jahre noch einmal zu durchleben wünschten, wird leicht wahrnehmen, wer von ihnen für jenen überhistorischen Standpunkt vorgebildet ist: zwar werden sie wohl Alle Nein! antworten, aber sie werden jenes Nein! verschieden begründen. Die Einen vielleicht damit, dass sie sich getrösten »aber die nächsten zwanzig werden besser sein«; es sind die, von denen David Hume spöttisch sagt:

> And from the dregs of life hope to receive,
> What the first sprightly running could not give.

Wir wollen sie die historischen Menschen nennen; der Blick in die Vergangenheit drängt sie zur Zukunft hin, feuert ihren Muth an, es noch länger mit dem Leben aufzunehmen, entzündet die Hoffnung, dass das Rechte noch komme, dass das Glück hinter dem Berge sitze, auf den sie zuschreiten. Diese historischen Menschen glauben, dass der Sinn des Daseins im Verlaufe eines *Prozesses* immer mehr ans Licht kommen werde, sie schauen nur deshalb rückwärts, um an der Betrachtung des bisherigen Prozesses die Gegenwart zu verstehen und die Zukunft heftiger begehren zu lernen; sie wissen gar nicht, wie unhistorisch sie trotz aller ihrer Historie denken und handeln, und wie auch ihre Beschäftigung mit der Geschichte nicht im Dienste der reinen Erkenntniss, sondern des Lebens steht.

Aber jene Frage, deren erste Beantwortung wir gehört haben, kann auch einmal anders beantwortet werden. Zwar wiederum mit einem Nein! aber mit einem anders begründeten Nein. Mit dem Nein des überhistorischen Menschen, der nicht im Prozesse das Heil sieht, für den vielmehr die Welt in jedem einzelnen Augenblicke fertig ist und ihr Ende erreicht. Was könnten zehn neue Jahre lehren, was die vergangenen zehn nicht zu lehren vermochten!

Ob nun der Sinn der Lehre Glück oder Resignation oder Tugend oder Busse ist, darin sind die überhistorischen Menschen mit einander nie einig gewesen; aber, allen historischen Betrachtungsarten des Vergangenen entgegen, kommen sie zur vollen Einmüthigkeit des Satzes: das Vergangene und das Gegenwärtige ist Eines und dasselbe, nämlich in aller Mannichfaltigkeit typisch gleich und als Allgegenwart unvergänglicher Typen ein stillstehendes Gebilde von unverändertem Werthe und ewig gleicher Bedeutung. Wie die Hunderte verschiedener Sprachen denselben typisch, festen Bedürfnissen der Menschen entsprechen, so dass Einer, der diese Bedürfnisse verstände, aus allen Sprachen nichts Neues zu lernen vermöchte: so erleuchtet sich der überhistorische Denker alle Geschichte der Völker und der Einzelnen von innen heraus, hellseherisch den Ursinn der verschiedenen Hieroglyphen errathend und allmählich sogar der immer neu hinzuströmenden Zeichenschrift ermüdet ausweichend: denn wie sollte er es im unendlichen Ueberflusse des Geschehenden nicht zur Sättigung, zur Uebersättigung, ja zum Ekel bringen! so dass der Verwegenste zuletzt vielleicht bereit ist, mit Giacomo Leopardi zu seinem Herzen zu sagen:

»Nichts lebt, das würdig
»Wär deiner Regungen, und keinen Seufzer verdient
die Erde.
»Schmerz und Langeweile ist unser Sein und Koth
die Welt – nichts Andres.
»Beruhige dich.«

Doch lassen wir den überhistorischen Menschen ihren Ekel und ihre Weisheit: heute wollen wir vielmehr einmal unserer Unweisheit von Herzen froh werden und uns als den Thätigen und Forschreitenden, als den Verehrern des Prozesses, einen guten Tag machen. Mag unsere Schätzung des Historischen nur ein occidentalisches Vorurtheil sein; wenn wir nur wenigstens innerhalb dieser Vorurtheile fortschreiten und nicht stillestehen! Wenn wir nur dies gerade immer besser lernen, Historie zum Zwecke des *Lebens* zu treiben! Dann wollen wir den Ueberhistorischen gerne zugestehen, dass sie mehr Weisheit besitzen, als wir; falls wir nämlich nur sicher sein dürfen, mehr Leben als sie zu besitzen: denn so wird jedenfalls unsere Unweisheit mehr Zukunft haben, als ihre Weisheit. Und damit gar kein Zweifel über den Sinn dieses Gegensatzes von Leben und Weisheit bestehen bleibe, will ich mir durch ein von Alters her wohlbewährtes Verfahren zu Hülfe kommen und gerades Wegs einige Thesen aufstellen.

Ein historisches Phänomen, rein und vollständig erkannt und in ein Erkenntnissphänomen aufgelöst, ist für den, der es erkannt hat, todt: denn er hat in ihm den Wahn, die Ungerechtigkeit, die blinde Leidenschaft und überhaupt den ganzen irdisch umdunkelten Horizont jenes Phänomens und zugleich eben darin seine geschichtliche Macht erkannt. Diese Macht ist jetzt für ihn, den Wissenden, machtlos geworden: vielleicht noch nicht für ihn, den Lebenden.

Die Geschichte als reine Wissenschaft gedacht und souverän geworden, wäre eine Art von Lebens-Abschluss und Abrechnung für die Menschheit. Die historische Bildung ist vielmehr nur im Gefolge einer mächtigen neuen Lebensströmung, einer werdenden Cultur zum Beispiel, etwas Heilsames und Zukunft-Verheissendes, also nur dann, wenn sie von einer höheren Kraft beherrscht und geführt wird und nicht selber herrscht und führt.

Die Historie, sofern sie im Dienste des Lebens steht, steht im Dienste einer unhistorischen Macht und wird deshalb nie, in dieser Unterordnung, reine Wissenschaft, etwa wie die Mathematik es ist, werden können und sollen. Die Frage aber, bis zu welchem Grade das Leben den Dienst der Historie überhaupt brauche, ist eine der höchsten Fragen und Sorgen in Betreff der Gesundheit eines Menschen, eines Volkes, einer Cultur. Denn bei einem gewissen Uebermass derselben zerbröckelt und entartet das Leben und zuletzt auch wieder, durch diese Entartung, selbst die Historie.

2.

Dass das Leben aber den Dienst der Historie brauche, muss eben so deutlich begriffen werden als der Satz, der später zu beweisen sein wird – dass ein Uebermaass der Historie dem Lebendigen schade. In dreierlei Hinsicht gehört die Historie dem Lebendigen: sie gehört ihm als dem Thätigen und Strebenden, ihm als dem Bewahrenden und Verehrenden, ihm als dem Leidenden und der Befreiung Bedürftigen. Dieser Dreiheit von Beziehungen entspricht eine Dreiheit von Arten der Historie: sofern es erlaubt ist eine *monumentalische*, eine *antiquarische* und eine *kritische* Art der Historie zu unterscheiden.

Die Geschichte gehört vor Allem dem Thätigen und Mächtigen, dem, der einen grossen Kampf kämpft, der Vorbilder, Lehrer, Tröster braucht und sie unter seinen Genossen und in der Gegenwart nicht zu finden vermag. So gehörte sie Schillern: denn unsere Zeit ist so schlecht, sagte Goethe, dass dem Dichter im umgebenden menschlichen Leben keine brauchbare Natur mehr begegnet. Mit der Rücksicht auf den Thätigen nennt zum Beispiel Polybius die politische Historie die rechte Vorbereitung zur Regierung eines Staates und die vorzüglichste Lehrmeisterin, als welche durch die Erinnerung an die Unfälle Anderer uns ermahne, die Abwechselungen des Glückes standhaft zu ertragen. Wer hierin den Sinn der Historie zu erkennen gelernt hat, den muss es verdriessen, neugierige Reisende oder peinliche Mikrologen auf den Pyramiden grosser Vergangenheiten herumklettern zu sehen; dort, wo er die Anreizungen zum Nachahmen und Bessermachen findet, wünscht er nicht dem Müssiggänger zu begegnen, der, begierig nach Zerstreuung oder Sensation, wie unter den gehäuften Bilderschätzen einer Galerie herumstreicht. Dass der Thätige mitten unter den schwächlichen und hoffnungslosen Müssiggängern, mitten unter den scheinbar thätigen, in Wahrheit nur aufgeregten und zappelnden Genossen nicht verzage und Ekel empfinde, blickt er hinter sich und unterbricht den Lauf zu seinem Ziele, um einmal aufzuathmen. Sein Ziel aber ist irgend ein Glück, vielleicht nicht sein eigenes, oft das eines Volkes oder das der Menschheit insgesammt; er flieht vor der Resignation zurück und gebraucht die Geschichte als Mittel gegen die Resignation. Zumeist winkt ihm kein Lohn, wenn nicht der Ruhm, das heisst die Anwartschaft auf einen Ehrenplatz im Tempel der Historie, wo er selbst wieder den Späterkommenden Lehrer, Tröster und Warner sein kann. Denn sein Gebot lautet: das was einmal vermochte, den Begriff »Mensch« weiter auszuspannen und schöner zu erfüllen, das muss auch ewig vorhanden sein, um dies ewig zu vermögen. Dass die grossen Momente im Kampfe der Einzelnen eine Kette bilden, dass in ihnen ein Höhenzug der Menschheit durch Jahrtausende hin sich verbinde, dass für mich das Höchste eines solchen längst vergangenen Momentes noch lebendig, hell und gross sei – das ist der Grundgedanke im Glauben an die Humanität, der sich in der Forderung einer *monumentalischen* Historie ausspricht. Gerade aber an dieser Forderung, dass das Grosse ewig sein solle, entzündet sich der furchtbarste Kampf. Denn alles Andere, was noch lebt, ruft Nein. Das Monumentale soll nicht entstehen – das ist die Gegenlosung. Die dumpfe Gewöhnung, das Kleine und Niedrige, alle Winkel der Welt erfüllend, als schwere Erdenluft um alles Grosse qualmend, wirft sich hemmend, täuschend, dämpfend, erstickend in den Weg, den das Grosse zur Unsterblichkeit zu gehen hat. Dieser Weg aber führt durch menschliche Gehirne! Durch die Gehirne geängstigter und kurzlebender Thiere, die immer wieder zu denselben Nöthen auftauchen und mit Mühe eine geringe Zeit das Verderben von sich abwehren. Denn sie wollen zunächst nur Eines: leben um jeden Preis. Wer möchte bei ihnen jenen schwierigen Fackel-Wettlauf der monumentalen Historie vermuthen, durch den allein das Grosse weiterlebt! Und doch erwachen immer wieder Einige, die sich im Hinblick auf das vergangene Grosse und gestärkt durch seine Betrachtung so beseligt fühlen, als ob das Menschenleben eine herrliche Sache sei, und als ob es gar die schönste Frucht dieses bittern Gewächses sei, zu wissen, dass früher einmal Einer stolz und stark durch dieses Dasein gegangen ist, ein Anderer mit Tiefsinn, ein Dritter mit Erbarmen und hülfreich –

alle aber Eine Lehre hinterlassend, dass der am schönsten lebt, der das Dasein nicht achtet. Wenn der gemeine Mensch diese Spanne Zeit so trübsinnig ernst und begehrlich nimmt, wussten jene, auf ihrem Wege zur Unsterblichkeit und zur monumentalen Historie, es zu einem olympischen Lachen oder mindestens zu einem erhabenen Hohne zu bringen; oft stiegen sie mit Ironie in ihr Grab – denn was war an ihnen zu begraben! Doch nur das, was sie als Schlacke, Unrath, Eitelkeit, Thierheit immer bedrückt hatte und was jetzt der Vergessenheit anheim fällt, nachdem es längst ihrer Verachtung preisgegeben war. Aber Eines wird leben, das Monogramm ihres eigensten Wesens, ein Werk, eine That, eine seltene Erleuchtung, eine Schöpfung: es wird leben, weil keine Nachwelt es entbehren kann. In dieser verklärtesten Form ist der Ruhm doch etwas mehr als der köstlichste Bissen unserer Eigenliebe, wie ihn Schopenhauer genannt hat, es ist der Glaube an die Zusammengehörigkeit und Continuität des Grossen aller Zeiten, es ist ein Protest gegen den Wechsel der Geschlechter und die Vergänglichkeit.

Wodurch also nützt dem Gegenwärtigen die monumentalische Betrachtung der Vergangenheit, die Beschäftigung mit dem Classischen und Seltenen früherer Zeiten? Er entnimmt daraus, dass das Grosse, das einmal da war, jedenfalls einmal *möglich* war und deshalb auch wohl wieder einmal möglich sein wird; er geht muthiger seinen Gang, denn jetzt ist der Zweifel, der ihn in schwächeren Stunden anfällt, ob er nicht vielleicht das

Unmögliche wolle, aus dem Felde geschlagen. Nehme man an, dass Jemand glaube, es gehörten nicht mehr als hundert productive, in einem neuen Geiste erzogene und wirkende Menschen dazu, um der in Deutschland gerade jetzt modisch gewordenen Gebildetheit den Garaus zu machen, wie müsste es ihn bestärken wahrzunehmen, dass die Cultur der Renaissance sich auf den Schultern einer solchen Hundert-Männer-Schaar heraushob.

Und doch – um an dem gleichen Beispiel sofort noch etwas Neues zu lernen – wie fliessend und schwebend, wie ungenau wäre jene Vergleichung! Wie viel des Verschiedenen muss, wenn sie jene kräftigende Wirkung thun soll, dabei übersehen, wie gewaltsam muss die Individualität des Vergangenen in eine allgemeine Form hineingezwängt und an allen scharfen Ecken und Linien zu Gunsten der Uebereinstimmung zerbrochen werden! Im Grunde ja könnte das, was einmal möglich war, sich nur dann zum zweiten Male als möglich einstellen, wenn die Pythagoreer Recht hätten zu glauben, dass bei gleicher Constellation der himmlischen Körper auch auf Erden das Gleiche, und zwar bis auf's Einzelne und Kleine sich wiederholen müsse: so dass immer wieder, wenn die Sterne eine gewisse Stellung zu einander haben, ein Stoiker sich mit einem Epikureer verbinden und Cäsar ermorden und immer wieder bei einem anderen Stande Columbus Amerika entdecken wird. Nur wenn die Erde ihr Theaterstück jedesmal nach dem fünften Akt von Neuem anfienge, wenn es feststünde, dass dieselbe Verknotung von Motiven, derselbe deus ex machina, dieselbe Katastrophe in bestimmten Zwischenräumen wiederkehrten, dürfte der Mächtige die monumentale Historie in voller ikonischer *Wahrhaftigkeit*, das heisst jedes Factum in seiner genau gebildeten Eigenthümlichkeit und Einzigkeit begehren: wahrscheinlich also nicht eher, als bis die Astronomen wieder zu Astrologen geworden sind. Bis dahin wird die monumentale Historie jene volle Wahrhaftigkeit nicht brauchen können: immer wird sie das Ungleiche annähern, verallgemeinern und endlich gleichsetzen, immer wird sie die Verschiedenheit der Motive und Anlässe abschwächen, um auf Kosten der *causae* die *effectus* monumental, nämlich vorbildlich und nachahmungswürdig, hinzustellen: so dass man sie, weil sie möglichst von den Ursachen absieht, mit geringer Uebertreibung eine Sammlung der »Effecte an sich« nennen könnte, als von Ereignissen, die zu allen Zeiten Effect machen werden. Das, was bei Volksfesten, bei religiösen oder kriegerischen Gedenktagen gefeiert wird, ist eigentlich ein solcher »Effect an sich«: er ist es, der die Ehrgeizigen nicht schlafen lässt, der den Unternehmenden wie ein Amulet am Herzen liegt, nicht aber der wahrhaft geschichtliche Connexus von Ursachen und Wirkungen, der, vollständig erkannt, nur beweisen würde, dass nie wieder etwas durchaus Gleiches bei dem Würfelspiele der Zukunft und des Zufalls herauskommen könne.

So lange die Seele der Geschichtsschreibung in den grossen *Antrieben* liegt, die ein Mächtiger aus ihr entnimmt, so lange die Vergangenheit als nachahmungswürdig, als nachahmbar und zum zweiten Male möglich beschrieben werden muss, ist sie jedenfalls in der Gefahr, etwas verschoben, in's Schöne umgedeutet und damit der freien Erdichtung angenähert zu werden; ja es giebt Zeiten, die zwischen einer monumentalischen Vergangenheit und einer mythischen Fiction gar nicht zu unterscheiden vermögen: weil aus der einen Welt genau dieselben Antriebe entnommen werden können, wie aus der anderen. *Regiert* also die monumentalische Betrachtung des Vergangenen über die anderen Betrachtungsarten, ich meine über die antiquarische und kritische, so leidet die Vergangenheit selbst *Schaden*: ganze grosse Theile derselben werden vergessen, verachtet, und fliessen fort wie eine graue ununterbrochene Fluth, und nur einzelne geschmückte Facta heben sich als Inseln heraus: an den seltenen Personen, die überhaupt sichtbar werden, fällt etwas Unnatürliches und Wunderbares in die Augen, gleichsam die goldene Hüfte, welche die Schüler des Pythagoras an ihrem Meister erkennen wollten. Die monumentale Historie täuscht durch Analogien: sie reizt mit verführerischen Aehnlichkeiten den Muthigen zur Verwegenheit, den Begeisterten zum Fanatismus, und denkt man sich gar diese Historie in den Händen und Köpfen der begabten Egoisten und der schwärmerischen Bösewichter, so werden Reiche zerstört, Fürsten ermordet, Kriege und Revolutionen angestiftet und die Zahl der geschichtlichen »Effecte an sich«, das heisst der Wirkungen ohne zureichende Ursachen, von Neuem vermehrt. Soviel zur Erinnerung an die Schäden, welche die monumentale Historie unter den Mächtigen und Thätigen, seien sie nun gut oder böse, anrichten kann: was wirkt sie aber erst, wenn sich ihrer die Ohnmächtigen und Unthätigen bemächtigen und bedienen!

Nehmen wir das einfachste und häufigste Beispiel. Man denke sich die unkünstlerischen und schwachkünstlerischen Naturen durch die monumentalische Künstlerhistorie geharnischt und bewehrt: gegen wen werden sie jetzt ihre Waffen richten! Gegen ihre Erbfeinde, die starken Kunstgeister, also gegen die, welche allein aus jener Historie wahrhaft, das heisst zum Leben hin zu lernen und das Erlernte in eine erhöhte Praxis umzusetzen vermögen. Denen wird der Weg verlegt; denen wird die Luft verfinstert, wenn man ein halb begriffenes Monument irgend einer grossen Vergangenheit götzendienerisch und mit rechter Beflissenheit umtanzt, als ob man sagen wollte: »Seht, das ist die wahre und wirkliche Kunst: was gehen euch die Werdenden und Wollenden an!« Scheinbar besitzt dieser tanzende Schwarm sogar das Privilegium des »guten Geschmacks«: denn immer stand der Schaffende im Nachtheil gegen den, der nur zusah, und nicht selbst die Hand anlegte; wie zu allen Zeiten der politische Kannegiesser klüger, gerechter und überlegsamer war, als der regierende Staatsmann. Will man aber gar auf dem Gebiet der Kunst den Gebrauch der Volksabstimmungen und der Zahlen-Majoritäten übertragen und den Künstler gleichsam vor das Forum der aesthetischen Nichtsthuer zu seiner Selbstvertheidigung nöthigen, so kann man einen Eid darauf im Voraus leisten, dass er verurtheilt werden wird: nicht obwohl, sondern gerade *weil* seine Richter den Kanon der monumentalen Kunst, das heisst nach der gegebenen Erklärung, der Kunst, die zu allen Zeiten »Effect gemacht hat,« feierlich proclamirt haben: während ihnen für alle noch nicht monumentale, weil gegenwärtige Kunst erstens das Bedürfniss, zweitens die reine Neigung, drittens eben jene Auctorität der Historie abgeht. Dagegen verräth ihnen ihr Instinct, dass die Kunst durch die Kunst todtgeschlagen werden könne: das Monumentale soll durchaus nicht wieder entstehen, und dazu nützt gerade das, was einmal die Auctorität des Monumentalen aus der Vergangenheit her hat. So sind sie Kunstkenner, weil sie die Kunst überhaupt beseitigen möchten, so gebärden sie sich als Aerzte, während sie es im Grunde auf Giftmischerei abgesehen haben, so bilden sie ihre Zunge und ihren Geschmack aus, um aus ihrer Verwöhntheit zu erklären, warum sie alles das, was ihnen von nahrhafter Kunstspeise angeboten wird, so beharrlich ablehnen. Denn sie wollen nicht, dass das Grosse entsteht: ihr Mittel ist zu sagen »seht, das Grosse ist schon da!« In Wahrheit geht sie dieses Grosse, das schon da ist, so wenig an, wie das, was entsteht: davon legt ihr Leben Zeugniss ab. Die monumentalische Historie ist das Maskenkleid, in dem sich ihr Hass gegen die Mächtigen und Grossen ihrer Zeit für gesättigte Bewunderung der Mächtigen und Grossen vergangener Zeiten ausgiebt, in welchem verkappt sie den eigentlichen Sinn jener historischen Betrachtungsart in den entgegengesetzten umkehren; ob sie es deutlich wissen oder nicht, sie handeln jedenfalls so, als ob ihr Wahlspruch wäre: lasst die Todten die Lebendigen begraben.

Jede der drei Arten von Historie, die es giebt, ist nur gerade auf Einem Boden und unter Einem Klima in ihrem Rechte: auf jedem anderen wächst sie zum verwüstenden Unkraut heran. Wenn der Mensch, der Grosses schaffen will, überhaupt die Vergangenheit braucht, so bemächtigt er sich ihrer vermittelst der monumentalischen Historie; wer dagegen im Gewohnten und Altverehrten beharren mag, pflegt das Vergangene als antiquarischer Historiker; und nur der, dem eine gegenwärtige Noth die Brust beklemmt und der um jeden Preis die Last von sich abwerfen will, hat ein Bedürfniss zur kritischen, das heisst richtenden und verurtheilenden Historie. Von dem gedankenlosen Verpflanzen der Gewächse rührt manches Unheil her: der Kritiker ohne Noth, der Antiquar ohne Pietät, der Kenner des Grossen ohne das Können des Grossen sind solche zum Unkraut aufgeschossene, ihrem natürlichen Mutterboden entfremdete und deshalb entartete Gewächse.

3.

Die Geschichte gehört also zweitens dem Bewahrenden und Verehrenden, dem, der mit Treue und Liebe dorthin zurückblickt, woher er kommt, worin er geworden ist;

durch diese Pietät trägt er gleichsam den Dank für sein Dasein ab. Indem er das von Alters her Bestehende mit behutsamer Hand pflegt, will er die Bedingungen, unter denen er entstanden ist, für solche bewahren, welche nach ihm entstehen sollen – und so dient er dem Leben. Der Besitz von Urväter-Hausrath verändert in einer solchen Seele seinen Begriff: denn sie wird vielmehr von ihm besessen. Das Kleine, das Beschränkte, das Morsche und Veraltete erhält seine eigene Würde und Unantastbarkeit dadurch, dass die bewahrende und verehrende Seele des antiquarischen Menschen in diese Dinge übersiedelt und sich darin ein heimisches Nest bereitet. Die Geschichte seiner Stadt wird ihm zur Geschichte seiner selbst; er versteht die Mauer, das gethürmte Thor, die Rathsverordnung, das Volksfest wie ein ausgemaltes Tagebuch seiner Jugend und findet sich selbst in diesem Allen, seine Kraft, seinen Fleiss, sein Lust, sein Urtheil, seine Thorheit und Unart wieder. Hier liess es sich leben, sagt er sich, denn es lässt sich leben, hier wird es sich leben lassen, denn wir sind zäh und nicht über Nacht umzubrechen. So blickt er, mit diesem »Wir«, über das vergängliche wunderliche Einzelleben hinweg und fühlt sich selbst als den Haus-, Geschlechts- und Stadtgeist. Mitunter grüsst er selbst über weite verdunkelnde und verwirrende Jahrhunderte hinweg die Seele seines Volkes als seine eigne Seele; ein Hindurchfühlen und Herausahnen, ein Wittern auf fast verlöschten Spuren, ein instinctives Richtig-Lesen der noch so überschriebenen Vergangenheit, ein rasches Verstehen der Palimpseste, ja

Polypseste – das sind seine Gaben und Tugenden. Mit ihnen stand Goethe vor dem Denkmale Erwin's von Steinbach; in dem Sturme seiner Empfindung zerriss der historische zwischen ihnen ausgebreitete Wolkenschleier: er sah das deutsche Werk zum ersten Male wieder, »wirkend aus starker rauher deutscher Seele.« Ein solcher Sinn und Zug führte die Italiäner der Renaissance und erweckte in ihren Dichtern den antiken italischen Genius von Neuem, zu einem »wundersamen Weiterklingen des uralten Saitenspiels«, wie Jacob Burckhardt sagt. Den höchsten Werth hat aber jener historisch-antiquarische Verehrungssinn, wo er über bescheidne, rauhe, selbst kümmerliche Zustände, in denen ein Mensch oder ein Volk lebt, ein einfaches rührendes Lust- und Zufriedenheits-Gefühl verbreitet; wie zum Beispiel Niebuhr mit ehrlicher Treuherzigkeit eingesteht, in Moor und Haide unter freien Bauern, die eine Geschichte haben, vergnügt zu leben und keine Kunst zu vermissen. Wie könnte die Historie dem Leben besser dienen, als dadurch, dass sie auch die minder begünstigten Geschlechter und Bevölkerungen an ihre Heimat und Heimatsitte anknüpft, sesshaft macht und sie abhält, nach dem Besseren in der Fremde herum zu schweifen und um dasselbe wetteifernd zu kämpfen? Mitunter sieht es wie Eigensinn und Unverstand aus, was den Einzelnen an diese Gesellen und Umgebungen, an diese mühselige Gewohnheit, an diesen kahlen Bergrücken gleichsam festschraubt – aber es ist der heilsamste und der Gesammtheit förderlichste Unverstand; wie Jeder weiss, der sich die furchtbaren Wirkungen abenteuernder Auswanderungslust, etwa gar bei ganzen Völkerschwärmen, deutlich gemacht hat, oder der den Zustand eines Volkes in der Nähe sieht, das die Treue gegen seine Vorzeit verloren hat und einem rastlosen kosmopolitischen Wählen und Suchen nach Neuem und immer Neuem preisgegeben ist. Die entgegengesetzte Empfindung, das Wohlgefühl des Baumes an seinen Wurzeln, das Glück sich nicht ganz willkürlich und zufällig zu wissen, sondern aus einer Vergangenheit als Erbe, Blüthe und Frucht herauszuwachsen und dadurch in seiner Existenz entschuldigt, ja gerechtfertigt zu werden – dies ist es, was man jetzt mit Vorliebe als den eigentlich historischen Sinn bezeichnet.

Das ist nun freilich nicht der Zustand, in dem der Mensch am meisten befähigt wäre, die Vergangenheit in reines Wissen aufzulösen; so dass wir auch hier wahrnehmen, was wir bei der monumentalischen Historie wahrgenommen haben, dass die Vergangenheit selbst leidet, so lange die Historie dem Leben dient und von Lebenstrieben beherrscht wird. Mit einiger Freiheit des Bildes gesprochen: Der Baum fühlt seine Wurzeln mehr als dass er sie sehen könnte: dies Gefühl aber misst ihre Grösse nach der Grösse und Kraft seiner sichtbaren Aeste. Mag der Baum schon darin irren: wie wird er erst über den ganzen Wald um sich herum im Irrthum sein! von dem er nur soweit etwas weiss und fühlt als dieser ihn selbst hemmt oder selbst fördert – aber nichts ausserdem. Der antiquarische Sinn eines Menschen, einer

Stadtgemeinde, eines ganzen Volkes hat immer ein höchst beschränktes Gesichtsfeld; das Allermeiste nimmt er gar nicht wahr, und das Wenige, was er sieht, sieht er viel zu nahe und isolirt; er kann es nicht messen und nimmt deshalb alles als gleich wichtig und deshalb jedes Einzelne als zu wichtig. Dann giebt es für die Dinge der Vergangenheit keine Werthverschiedenheiten und Proportionen, die den Dingen unter einander wahrhaft gerecht würden; sondern immer nur Maasse und Proportionen der Dinge zu dem antiquarisch rückwärts blickenden Einzelnen oder Volke.

Hier ist immer eine Gefahr sehr in der Nähe: endlich wird einmal alles Alte und Vergangene, das überhaupt noch in den Gesichtskreis tritt, einfach als gleich ehrwürdig hingenommen, alles was aber diesem Alten nicht mit Ehrfurcht entgegen kommt, also das Neue und Werdende, abgelehnt oder angefeindet. So duldeten selbst die Griechen den hieratischen Stil ihrer bildenden Künste neben dem freien und grossen, ja sie duldeten später die spitzen Nasen und das frostige Lächeln nicht nur, sondern machten selbst eine Feinschmeckerei daraus. Wenn sich der Sinn eines Volkes derartig verhärtet, wenn die Historie dem vergangnen Leben so dient, dass sie das Weiterleben und gerade das höhere Leben untergräbt, wenn der historische Sinn das Leben nicht mehr conservirt, sondern mumisirt: so stirbt der Baum, unnatürlicher Weise, von oben allmählich nach der Wurzel zu ab – und zuletzt geht gemeinhin die Wurzel selbst zu Grunde.

Die antiquarische Historie entartet selbst in dem Augenblicke, in dem das frische Leben der Gegenwart sie nicht mehr beseelt und begeistert. Jetzt dorrt die Pietät ab, die gelehrtenhafte Gewöhnung besteht ohne sie fort und dreht sich egoistisch-selbstgefällig um ihren eignen Mittelpunkt. Dann erblickt man wohl das widrige Schauspiel einer blinden Sammelwuth, eines rastlosen Zusammenscharrens alles einmal Dagewesenen. Der Mensch hüllt sich in Moderduft; es gelingt ihm selbst eine bedeutendere Anlage, ein edleres Bedürfniss durch die antiquarische Manier zu unersättlicher Neubegier, richtiger Alt- und Allbegier herabzustimmen; oftmals sinkt er so tief, dass er zuletzt mit jeder Kost zufrieden ist und mit Lust selbst den Staub bibliographischer Quisquilien frisst.

Aber selbst, wenn jene Entartung nicht eintritt, wenn die antiquarische Historie das Fundament, auf dem sie allein zum Heile des Lebens wurzeln kann, nicht verliert: immer bleiben doch genug Gefahren übrig, falls sie nämlich allzu mächtig wird und die andern Arten, die Vergangenheit zu betrachten, überwuchert. Sie versteht eben allein Leben zu *bewahren*, nicht zu zeugen; deshalb unterschätzt sie immer das Werdende, weil sie für dasselbe keinen errathenden Instinct hat – wie ihn zum Beispiel die monumentalische Historie hat. So hindert jene den kräftigen Entschluss zum Neuen, so lähmt sie den Handelnden, der immer, als Handelnder, etwelche Pietäten verletzen wird und muss. Die Thatsache, dass etwas alt geworden ist, gebiert jetzt die

Forderung, dass es unsterblich sein müsse; denn wenn Einer nachrechnet, was Alles ein solches Alterthum – eine alte Sitte der Väter, ein religiöser Glaube, ein ererbtes politisches Vorrecht – während der Dauer seiner Existenz erfahren hat, welche Summe der Pietät und Verehrung seitens des Einzelnen und der Generationen: so erscheint es vermessen oder selbst ruchlos, ein solches Alterthum durch ein Neuthum zu ersetzen und einer solchen Zahlen-Anhäufung von Pietäten und Verehrungen die Einer des Werdenden und Gegenwärtigen entgegenzustellen.

Hier wird es deutlich, wie nothwendig der Mensch, neben der monumentalischen und antiquarischen Art, die Vergangenheit zu betrachten, oft genug eine *dritte* Art nöthig hat, *die kritische*: und zwar auch diese wiederum im Dienste des Lebens. Er muss die Kraft haben und von Zeit zu Zeit anwenden, eine Vergangenheit zu zerbrechen und aufzulösen, um leben zu können: dies erreicht er dadurch, dass er sie vor Gericht zieht, peinlich inquirirt, und endlich verurtheilt; jede Vergangenheit aber ist werth verurtheilt zu werden – denn so steht es nun einmal mit den menschlichen Dingen: immer ist in ihnen menschliche Gewalt und Schwäche mächtig gewesen. Es ist nicht die Gerechtigkeit, die hier zu Gericht sitzt; es ist noch weniger die Gnade, die hier das Urtheil verkündet: sondern das Leben allein, jene dunkle, treibende, unersättlich sich selbst begehrende Macht. Sein Spruch ist immer ungnädig, immer ungerecht, weil er nie aus einem reinen Borne der Erkenntniss geflossen ist; aber in den meisten Fällen würde der Spruch ebenso ausfallen, wenn ihn die Gerechtigkeit selber spräche. »Denn Alles was entsteht, ist *werth*, dass es zu Grunde geht. Drum besser wär's, dass nichts entstünde.« Es gehört sehr viel Kraft dazu, leben zu können und zu vergessen, in wie fern leben und ungerecht sein Eins ist. Luther selbst hat einmal gemeint, dass die Welt nur durch eine Vergesslichkeit Gottes entstanden sei; wenn Gott nämlich an das »schwere Geschütz« gedacht hätte, er würde die Welt nicht geschaffen haben. Mitunter aber verlangt eben dasselbe Leben, das die Vergessenheit braucht, die zeitweilige Vernichtung dieser Vergessenheit; dann soll es eben gerade klar werden, wie ungerecht die Existenz irgend eines Dinges, eines Privilegiums, einer Kaste, einer Dynastie zum Beispiel ist, wie sehr dieses Ding den Untergang verdient. Dann wird seine Vergangenheit kritisch betrachtet, dann greift man mit dem Messer an seine Wurzeln, dann schreitet man grausam über alle Pietäten hinweg. Es ist immer ein gefährlicher, nämlich für das Leben selbst gefährlicher Prozess: und Menschen oder Zeiten, die auf diese Weise dem Leben dienen, dass sie eine Vergangenheit richten und vernichten, sind immer gefährliche und gefährdete Menschen und Zeiten. Denn da wir nun einmal die Resultate früherer Geschlechter sind, sind wir auch die Resultate ihrer Verirrungen, Leidenschaften und Irrthümer, ja Verbrechen; es ist nicht möglich sich ganz von dieser Kette zu lösen. Wenn wir jene Verirrungen verurtheilen und uns ihrer für enthoben erachten, so ist die Thatsache nicht beseitigt, dass wir aus ihnen herstammen. Wir bringen es im besten Falle zu einem Widerstreite der ererbten, angestammten Natur und unserer Erkenntniss, auch wohl zu einem Kampfe einer neuen strengen Zucht gegen das von Alters her Angezogne und Angeborne, wir pflanzen eine neue Gewöhnung, einen neuen Instinct, eine zweite Natur an, so dass die erste Natur abdorrt. Es ist ein Versuch, sich gleichsam a posteriori eine Vergangenheit zu geben, aus der man stammen möchte, im Gegensatz zu der, aus der man stammt – immer ein gefährlicher Versuch, weil es so schwer ist eine Grenze im Verneinen des Vergangenen zu finden, und weil die zweiten Naturen meistens schwächlicher als die ersten sind. Es bleibt zu häufig bei einem Erkennen des Guten, ohne es zu thun, weil man auch das Bessere kennt, ohne es thun zu können. Aber hier und da gelingt der Sieg doch, und es giebt sogar für die Kämpfenden, für die, welche sich der kritischen Historie zum Leben bedienen, einen merkwürdigen Trost: nämlich zu wissen, dass auch jene erste Natur irgend wann einmal eine zweite Natur war und dass jede siegende zweite Natur zu einer ersten wird. –

4.

Dies sind die Dienste, welche die Historie dem Leben zu leisten vermag; jeder Mensch und jedes Volk braucht je nach seinen Zielen, Kräften und Nöthen eine gewisse Kenntniss der Vergangenheit, bald als monumentalische, bald als antiquarische, bald als kritische Historie: aber nicht wie eine Schaar von reinen, dem Leben nur zusehenden Denkern, nicht wie wissensgierige, durch Wissen allein zu befriedigende Einzelne, denen Vermehrung der Erkenntniss das Ziel selbst ist, sondern immer nur zum Zweck des Lebens und also auch unter der Herrschaft und obersten Führung dieses Zweckes. Dass dies die natürliche Beziehung einer Zeit, einer Cultur, eines Volkes zur Historie ist – hervorgerufen durch Hunger, regulirt durch den Grad des Bedürfnisses, in Schranken gehalten durch die innewohnende plastische Kraft – dass die Kenntniss der Vergangenheit zu allen Zeiten nur im Dienste der Zukunft und Gegenwart begehrt ist, nicht zur Schwächung der Gegenwart, nicht zur Entwurzelung einer lebenskräftigen Zukunft: das Alles ist einfach, wie die Wahrheit einfach ist, und überzeugt sofort auch den, der dafür nicht erst den historischen Beweis sich führen lässt.

Und nun schnell einen Blick auf unsere Zeit! Wir erschrecken, wir fliehen zurück: wohin ist alle Klarheit, alle Natürlichkeit und Reinheit jener Beziehung von Leben und Historie, wie verwirrt, wie übertrieben, wie unruhig fluthet jetzt dies Problem vor unseren Augen!

Liegt die Schuld an uns, den Betrachtenden? Oder hat sich wirklich die Constellation von Leben und Historie verändert, dadurch, dass ein mächtig feindseliges Gestirn zwischen sie getreten ist? Mögen Andere zeigen, dass wir falsch gesehen haben: wir wollen sagen, was wir zu sehen meinen. Es ist allerdings ein solches Gestirn, ein leuchtendes und herrliches Gestirn dazwischen getreten, die Constellation ist wirklich verändert – *durch die Wissenschaft, durch die Forderung, dass die Historie Wissenschaft sein soll.* Jetzt regiert nicht mehr allein das Leben und bändigt das Wissen um die Vergangenheit: sondern alle Grenzpfähle sind umgerissen und alles was einmal war, stürzt auf den Menschen zu. So weit zurück es ein Werden gab, soweit zurück, ins Unendliche hinein sind auch alle Perspektiven verschoben. Ein solches unüberschaubares Schauspiel sah noch kein Geschlecht, wie es jetzt die Wissenschaft des universalen Werdens, die Historie, zeigt: freilich aber zeigt sie es mit der gefährlichen Kühnheit ihres Wahlspruches: fiat veritas pereat vita.

Machen wir uns jetzt ein Bild von dem geistigen Vorgange, der hierdurch in der Seele des modernen Menschen herbeigeführt wird. Das historische Wissen strömt aus unversieglichen Quellen immer von Neuem hinzu und hinein, das Fremde und Zusammenhangslose drängt sich, das Gedächtniss öffnet alle seine Thore und ist doch nicht weit genug geöffnet, die Natur bemüht sich auf's Höchste, diese fremden Gäste zu empfangen, zu ordnen und zu ehren, diese selbst aber sind im

Kampfe mit einander, und es scheint nöthig, sie alle zu bezwingen und zu bewältigen, um nicht selbst an ihrem Kampfe zu Grunde zu gehen. Die Gewöhnung an ein solches unordentliches, stürmisches und kämpfendes Hauswesen wird allmählich zu einer zweiten Natur, ob es gleich ausser Frage steht, dass diese zweite Natur viel schwächer, viel ruheloser und durch und durch ungesünder ist, als die erste. Der moderne Mensch schleppt zuletzt eine ungeheure Menge von unverdaulichen Wissenssteinen mit sich herum, die dann bei Gelegenheit auch ordentlich im Leibe rumpeln, wie es im Märchen heisst. Durch dieses Rumpeln verräth sich die eigenste Eigenschaft dieses modernen Menschen: der merkwürdige Gegensatz eines Inneren, dem kein Aeusseres, eines Aeusseren, dem kein Inneres entspricht, ein Gegensatz, den die alten Völker nicht kennen. Das Wissen, das im Uebermaasse ohne Hunger, ja wider das Bedürfniss aufgenommen wird, wirkt jetzt nicht mehr als umgestaltendes, nach aussen treibendes Motiv und bleibt in einer gewissen chaotischen Innenwelt verborgen, die jener moderne Mensch mit seltsamem Stolze als die ihm eigenthümliche »Innerlichkeit« bezeichnet. Man sagt dann wohl, dass man den Inhalt habe und dass es nur an der Form fehle; aber bei allem Lebendigen ist dies ein ganz ungehöriger Gegensatz. Unsere moderne Bildung ist eben deshalb nichts Lebendiges, weil sie ohne jenen Gegensatz sich gar nicht begreifen lässt, das heisst: sie ist gar keine wirkliche Bildung, sondern nur eine Art Wissen um die Bildung, es bleibt in ihr bei dem

Bildungs-Gedanken, bei dem Bildungs-Gefühl, es wird kein Bildungs-Entschluss daraus. Das dagegen, was wirklich Motiv ist und was als That sichtbar nach aussen tritt, bedeutet dann oft nicht viel mehr als eine gleichgültige Convention, eine klägliche Nachahmung oder selbst eine rohe Fratze. Im Inneren ruht dann wohl die Empfindung jener Schlange gleich, die ganze Kaninchen verschluckt hat und sich dann still gefasst in die Sonne legt und alle Bewegungen ausser den nothwendigsten vermeidet. Der innere Prozess, das ist jetzt die Sache selbst, das ist die eigentliche »Bildung.« Jeder, der vorübergeht, hat nur den einen Wunsch, dass eine solche Bildung nicht an Unverdaulichkeit zu Grunde gehe. Denke man sich zum Beispiel einen Griechen an einer solchen Bildung vorübergehend, er würde wahrnehmen, dass für die neueren Menschen »gebildet« und »historisch gebildet« so zusammenzugehören scheinen, als ob sie eins und nur durch die Zahl der Worte verschieden wären. Spräche er nun seinen Satz aus: es kann Einer sehr gebildet und doch historisch gar nicht gebildet sein, so würde man glauben, gar nicht recht gehört zu haben und den Kopf schütteln. Jenes bekannte Völkchen einer nicht zu fernen Vergangenheit, ich meine eben die Griechen, hatte sich in der Periode seiner grössten Kraft einen unhistorischen Sinn zäh bewahrt; müsste ein zeitgemässer Mensch in jene Welt durch Verzauberung zurückkehren, er würde vermuthlich die Griechen sehr »ungebildet« befinden, womit dann freilich das so peinlich verhüllte Geheimniss der modernen Bildung zu öffentlichem Gelächter aufgedeckt wäre: denn aus uns haben wir Modernen gar nichts; nur dadurch, dass wir uns mit fremden Zeiten, Sitten, Künsten, Philosophien, Religionen, Erkenntnissen anfüllen und überfüllen, werden wir zu etwas Beachtungswerthem, nämlich zu wandelnden Encyclopädien, als welche uns vielleicht ein in unsere Zeit verschlagener Alt-Hellene ansprechen würde. Bei Encyclopädien findet man aber allen Werth nur in dem, was darin steht, im Inhalte, nicht in dem, was darauf steht oder was Einband und Schaale ist; und so ist die ganze moderne Bildung wesentlich innerlich: auswendig hat der Buchbinder so etwas darauf gedruckt wie: Handbuch innerlicher Bildung für äusserliche Barbaren. Ja dieser Gegensatz von innen und aussen macht das Aeusserliche noch barbarischer als es sein müsste, wenn ein rohes Volk nur aus sich heraus nach seinen derben Bedürfnissen wüchse. Denn welches Mittel bleibt noch der Natur übrig, um das überreichlich sich Aufdrängende zu bewältigen? Nur das eine Mittel, es so leicht wie möglich anzunehmen, um es schnell wieder zu beseitigen und auszustossen. Daraus entsteht eine Gewöhnung, die wirklichen Dinge nicht mehr ernst zu nehmen, daraus entsteht die »schwache Persönlichkeit,« zufolge deren das Wirkliche, das Bestehende nur einen geringen Eindruck macht; man wird im Aeusserlichen zuletzt immer lässlicher und bequemer und erweitert die bedenkliche Kluft zwischen Inhalt und Form bis zur Gefühllosigkeit für die Barbarei, wenn nur das Gedächtniss immer von Neuem gereizt wird, wenn nur immer neue wissenswürdige Dinge hinzuströmen, die säuberlich in den Kästen jenes Gedächtnisses aufgestellt werden können. Die Cultur eines Volkes als der Gegensatz jener Barbarei ist einmal, wie ich meine, mit einigem Rechte, als Einheit des künstlerischen Stiles in allen Lebensäusserungen eines Volkes bezeichnet worden; diese Bezeichnung darf nicht dahin missverstanden werden, als ob es sich um den Gegensatz von Barbarei und *schönem* Stile handele; das Volk, dem man eine Cultur zuspricht, soll nur in aller Wirklichkeit etwas lebendig Eines sein und nicht so elend in Inneres und Aeusseres, in Inhalt und Form auseinanderfallen. Wer die Cultur eines Volkes erstreben und fördern will, der erstrebe und fördere diese höhere Einheit und arbeite mit an der Vernichtung der modernen Gebildetheit zu Gunsten einer wahren Bildung, er wage es, darüber nachzudenken, wie die durch Historie gestörte Gesundheit eines Volkes wiederhergestellt werden, wie es seine Instincte und damit seine Ehrlichkeit wiederfinden könne.

Ich will nur geradezu von uns Deutschen der Gegenwart reden, die wir mehr als ein anderes Volk an jener Schwäche der Persönlichkeit und an dem Widerspruche von Inhalt und Form zu leiden haben. Die Form gilt uns Deutschen gemeinhin als eine Convention, als Verkleidung und Verstellung und wird deshalb, wenn nicht gehasst, so doch jedenfalls nicht geliebt; noch richtiger würde es sein zu sagen, dass wir eine ausserordentliche Angst vor dem Worte Convention und auch wohl vor der Sache Convention haben. In dieser Angst verliess der

Deutsche die Schule der Franzosen: denn er wollte natürlicher und dadurch deutscher werden. Nun scheint er sich aber in diesem »Dadurch« verrechnet zu haben: aus der Schule der Convention entlaufen, liess er sich nun gehen, wie und wohin er eben Lust hatte und machte im Grunde schlottericht und beliebig in halber Vergesslichkeit nach, was er früher peinlich und oft mit Glück nachmachte. So lebt man, gegen frühere Zeiten gerechnet, auch heute noch in einer bummelig incorrecten französischen Convention: wie all unser Gehen, Stehen, Unterhalten, Kleiden und Wohnen anzeigt. Indem man zum Natürlichen zurückzufliehen glaubte, erwählte man nur das Sichgehenlassen, die Bequemlichkeit und das möglichst kleine Maass von Selbstüberwindung. Man durchwandere eine deutsche Stadt – alle Convention, verglichen mit der nationalen Eigenart aus-ländischer Städte, zeigt sich im Negativen, alles ist farblos, abgebraucht, schlecht copirt, nachlässig, jeder treibt es nach seinem Belieben, aber nicht nach einem kräftigen, gedankenreichen Belieben, sondern nach den Gesetzen, die einmal die allgemeine Hast und sodann die allgemeine Bequemlichkeits-Sucht vorschreiben. Ein Kleidungsstück, dessen Erfindung kein Kopfzerbrechen macht, dessen Anlegung keine Zeit kostet, also ein aus der Fremde entlehntes und möglichst lässlich nachgemachtes Kleidungsstück gilt bei den Deutschen sofort als ein Beitrag zur deutschen Tracht. Der Formensinn wird von ihnen geradezu ironisch abgelehnt – denn man hat ja *den Sinn des Inhaltes*: sind sie doch das berühmte Volk der Innerlichkeit.

Nun giebt es aber auch eine berühmte Gefahr dieser Innerlichkeit: der Inhalt selbst, von dem es angenommen ist, dass er aussen gar nicht gesehen werden kann, möchte sich gelegentlich einmal verflüchtigen; aussen würde man aber weder davon noch von dem früheren Vorhandensein etwas merken. Aber denke man sich immerhin das deutsche Volk möglichst weit von dieser Gefahr entfernt: etwas Recht wird der Ausländer immer behalten, wenn er uns vorwirft, dass unser Inneres zu schwach und ungeordnet ist, um nach aussen zu wirken und sich eine Form zu geben. Dabei kann es sich in seltenem Grade zart empfänglich, ernst, mächtig, innig, gut erweisen und vielleicht selbst reicher als das Innere anderer Völker sein: aber als Ganzes bleibt es schwach, weil alle die schönen Fasern nicht in einen kräftigen Knoten geschlungen sind: so dass die sichtbare That nicht die Gesammtthat und Selbstoffenbarung dieses Inneren ist, sondern nur ein schwächlicher oder roher Versuch irgend einer Faser, zum Schein einmal für das Ganze gelten zu wollen. Deshalb ist der Deutsche nach einer Handlung gar nicht zu beurtheilen und als Individuum auch nach dieser That noch völlig verborgen. Man muss ihn bekanntlich nach seinen Gedanken und Gefühlen messen, und die spricht er jetzt in seinen Büchern aus. Wenn nur nicht gerade diese Bücher neuerdings mehr als je einen Zweifel darüber erweckten, ob die berühmte Innerlichkeit wirklich noch in ihrem unzugänglichen Tempelchen sitze: es wäre ein schrecklicher Gedanke, dass sie eines Tages verschwunden sei und nun nur noch die Aeusserlichkeit, jene hochmüthig täppische und demüthig bummelige Aeusserlichkeit als Kennzeichen des Deutschen zurückbliebe. Fast eben so schrecklich als wenn jene Innerlichkeit, ohne dass man es sehen könnte, gefälscht, gefärbt, übermalt darin sässe und zur Schauspielerin, wenn nicht zu Schlimmerem geworden wäre: wie dies zum Beispiel der bei Seite stehende und still betrachtende Grillparzer, von seiner dramatisch-theatralischen Erfahrung aus anzunehmen scheint. »Wir empfinden mit Abstraction,« sagt er, »wir wissen kaum mehr, wie sich die Empfindung bei unseren Zeitgenossen äussert; wir lassen sie Sprünge machen, wie sie sie heutzutage nicht mehr macht. Shakespeare hat uns Neuere alle verdorben.«

Dies ist ein einzelner, vielleicht zu schnell ins Allgemeine gedeuteter Fall: aber wie furchtbar wäre seine berechtigte Verallgemeinerung, wenn die einzelnen Fälle sich gar zu häufig dem Beobachter aufdrängen sollten, wie verzweifelt klänge der Satz: wir Deutschen empfinden mit Abstraction; wir sind Alle durch die Historie verdorben – ein Satz, der jede Hoffnung auf eine noch kommende nationale Cultur an ihren Wurzeln zerstören würde: denn jede derartige Hoffnung wächst aus dem Glauben an die Aechtheit und Unmittelbarkeit der deutschen Empfindung heraus, aus dem Glauben an die unversehrte Innerlichkeit; was soll noch gehofft, noch geglaubt werden, wenn der Quell des Glaubens und Hoffens getrübt ist, wenn die Innerlichkeit gelernt hat, Sprünge zu machen, zu tanzen, sich zu schminken, mit

Abstraction und Berechnung sich zu äussern und sich selbst allgemach zu verlieren! Und wie soll der grosse productive Geist es unter einem Volke noch aushalten, das seiner einheitlichen Innerlichkeit nicht mehr sicher ist und das in Gebildete mit verbildeter und verführter Innerlichkeit und in Ungebildete mit unzugänglicher Innerlichkeit auseinanderfällt. Wie soll er es aushalten, wenn die Einheit der Volksempfindung verloren ging, wenn er überdies gerade bei dem einen Theile, der sich den gebildeten Theil des Volkes nennt und ein Recht auf die nationalen Kunstgeister für sich in Anspruch nimmt, die Empfindung gefälscht und gefärbt weiss. Mag hier und da das Urtheil und der Geschmack der Einzelnen selbst feiner und sublimirter geworden sein – das entschädigt ihn nicht: es peinigt ihn, gleichsam nur zu einer Secte reden zu müssen und innerhalb seines Volkes nicht mehr nothwendig zu sein. Vielleicht vergräbt er seinen Schatz jetzt lieber, weil er Ekel empfindet, von einer Secte anspruchsvoll patronisirt zu werden, während sein Herz voll von Mitleid mit Allen ist. Der Instinct des Volkes kommt ihm nicht mehr entgegen; es ist unnütz, ihm die Arme sehnsuchtsvoll entgegenzubreiten. Was bleibt ihm jetzt noch übrig als seinen begeisterten Hass gegen jenen hemmenden Bann, gegen die in der sogenannten Bildung seines Volkes aufgerichteten Schranken zu kehren, um als Richter wenigstens das zu verurtheilen, was für ihn den Lebenden und Lebenzeugenden Vernichtung und Entwürdigung ist: so tauscht er die tiefe Einsicht seines Schicksals gegen die göttliche Lust des Schaffenden und Helfenden ein und endet als einsamer Wissender, als übersatter Weiser. Es ist das schmerzlichste Schauspiel: wer es überhaupt sieht, wird hier eine heilige Nöthigung erkennen: er sagt sich, hier muss geholfen werden, jene höhere Einheit in der Natur und Seele eines Volkes muss sich wieder herstellen, jener Riss zwischen dem Innen und dem Aussen muss unter den Hammerschlägen der Noth wieder verschwinden. Nach welchen Mitteln soll er nun greifen? Was bleibt ihm nun wiederum als seine tiefe Erkenntniss: diese aussprechend, verbreitend, mit vollen Händen ausstreuend, hofft er ein Bedürfniss zu pflanzen: und aus dem starken Bedürfniss wird einmal die starke That entstehen. Und damit ich keinen Zweifel lasse, woher ich das Beispiel jener Noth, jenes Bedürfnisses, jener Erkenntniss nehme: so soll hier ausdrücklich mein Zeugniss stehen, dass es *die deutsche Einheit* in jenem höchsten Sinne ist, die wir erstreben und heisser erstreben als die politische Wiedervereinigung, *die Einheit des deutschen Geistes und Lebens nach der Vernichtung des Gegensatzes von Form und Inhalt, von Innerlichkeit und Convention.* –

5.

In fünffacher Hinsicht scheint mir die Uebersättigung einer Zeit in Historie dem Leben feindlich und gefährlich zu sein: durch ein solches Uebermaass wird jener bisher besprochene Contrast von innerlich und äusserlich erzeugt und dadurch die Persönlichkeit geschwächt; durch dieses Uebermaass geräth eine Zeit in die Einbildung, dass sie die seltenste Tugend, die Gerechtigkeit, in höherem Grade besitze als jede andere Zeit; durch dieses Uebermaass werden die Instincte des Volkes gestört und der Einzelne nicht minder als das Ganze am Reifwerden verhindert; durch dieses Uebermaass wird der jederzeit schädliche Glaube an das Alter der Menschheit, der Glaube, Spätling und Epigone zu sein, gepflanzt; durch dieses Uebermaass geräth eine Zeit in die gefährliche Stimmung der Ironie über sich selbst und aus ihr in die noch gefährlichere des Cynismus: in dieser aber reift sie immer mehr einer klugen egoistischen Praxis entgegen, durch welche die Lebenskräfte gelähmt und zuletzt zerstört werden.

Und nun zurück zu unserem ersten Satze: der moderne Mensch leidet an einer geschwächten Persönlichkeit. Wie der Römer der Kaiserzeit unrömisch wurde im Hinblick auf den ihm zu Diensten stehenden Erdkreis, wie er sich selbst unter dem einströmenden Fremden verlor und bei dem kosmopolitischen Götter-, Sitten- und Künste-Carnevale entartete, so muss es dem modernen Menschen ergehen, der sich fortwährend das Fest einer Weltausstellung durch seine historischen Künstler bereiten lässt; er ist zum geniessenden und herumwandelnden Zuschauer geworden und in einen Zustand versetzt, an dem selbst grosse Kriege, grosse Revolutionen kaum einen Augenblick lang etwas zu ändern vermögen. Noch ist der Krieg nicht beendet, und schon ist er in bedrucktes Papier hunderttausendfach umgesetzt, schon wird er als neuestes Reizmittel dem ermüdeten Gaumen der nach Historie Gierigen vorgesetzt. Es scheint fast unmöglich, dass ein starker und voller Ton selbst durch das mächtigste Hineingreifen in die Saiten erzeugt werde: sofort verhallt er wieder, im nächsten Augenblicke bereits klingt er historisch zart verflüchtigt und kraftlos ab. Moralisch ausgedrückt: es gelingt euch nicht mehr das Erhabene festzuhalten, eure Thaten sind plötzliche Schläge, keine rollenden Donner. Vollbringt das Grösste und Wunderbarste: es muß trotzdem sang- und klanglos zum Orkus ziehn. Denn die Kunst flieht, wenn ihr eure Thaten sofort mit dem historischen Zeltdach überspannt. Wer dort im Augenblick verstehen, berechnen, begreifen will, wo er in langer Erschütterung das Unverständliche als das Erhabene festhalten sollte, mag verständig genannt werden, doch nur in dem Sinne, in dem Schiller von dem Verstand der Verständigen redet: er sieht Einiges nicht, was doch das Kind sieht, er hört Einiges nicht, was doch das Kind hört; dieses Einige ist gerade das Wichtigste: weil er dies nicht versteht, ist sein Verstehen kindischer als das Kind und einfältiger als die Einfalt – trotz der vielen schlauen Fältchen seiner pergamentnen Züge und der virtuosen Uebung seiner Finger, das Verwickelte aufzuwickeln. Das macht: er hat seinen Instinct vernichtet und verloren, er kann nun nicht mehr, dem »göttlichen Thiere« vertrauend, die Zügel hängen lassen, wenn sein Verstand schwankt und sein Weg durch Wüsten führt. So wird das Individuum zaghaft und unsicher und darf sich nicht mehr glauben: es versinkt in sich selbst, ins Innerliche, das heisst hier nur: in den zusammengehäuften Wust des Erlernten, das nicht nach aussen wirkt, der Belehrung, die nicht Leben wird. Sieht man einmal auf's Aeusserliche, so bemerkt man, wie die Austreibung der Instincte durch Historie die Menschen fast zu lauter abstractis und Schatten umgeschaffen hat: keiner wagt mehr seine Person daran, sondern maskirt sich als gebildeter Mann, als Gelehrter, als Dichter, als Politiker. Greift man solche Masken an, weil man glaubt, es sei ihnen Ernst, und nicht bloss um ein Possenspiel zu thun, – da sie allesammt den Ernst affichiren – so hat man plötzlich nur Lumpen und bunte Flicken in den Händen. Deshalb soll man sich nicht mehr täuschen lassen, deshalb soll man sie anherrschen: »zieht eure Jacken aus oder seid, was ihr scheint.« Es soll nicht mehr jeder Ernsthafte von Geblüt zu einem Don Quixote werden, da er Besseres zu thun hat, als sich mit solchen vermeintlichen Realitäten herumzuschlagen. Jedenfalls aber muss er scharf hinsehen, bei jeder Maske sein Halt Werda! rufen und ihr die Larve in den Nacken ziehen. Sonderbar! Man sollte denken, dass die Geschichte die Menschen vor Allem ermuthigte *ehrlich* zu sein – und wäre es selbst ein ehrlicher Narr zu sein; und immer ist dies ihre Wirkung gewesen, nur jetzt nicht mehr! Die historische Bildung und der bürgerliche Universal-Rock herrschen zu gleicher Zeit. Während noch nie so volltönend von der »freien Persönlichkeit« geredet worden ist, sieht man nicht einmal Persönlichkeiten, geschweige denn freie, sondern lauter ängstlich verhüllte Universal-Menschen. Das Individuum hat sich ins Innerliche zurückgezogen: aussen merkt man nichts mehr davon; wobei man zweifeln darf, ob es überhaupt Ursachen ohne Wirkungen geben könne. Oder sollte als Wächter des grossen geschichtlichen Welt-Harem ein Geschlecht von Eunuchen nöthig sein? Denen steht freilich die reine Objectivität schön zu Gesichte. Scheint es doch fast, als wäre es die Aufgabe, die Geschichte zu bewachen, dass nichts aus ihr heraus komme als eben Geschichten, aber ja kein Geschehen!, zu verhüten, dass durch sie die Persönlichkeiten »frei« werden, soll heissen wahrhaftig gegen sich, wahrhaftig gegen Andere, und zwar in Wort und That. Erst durch diese Wahrhaftigkeit wird die Noth, das innere Elend des modernen Menschen an den Tag kommen, und an die Stelle jener ängstlich versteckenden Convention und Maskerade können dann, als wahre Helferinnen, Kunst und Religion treten, um gemeinsam eine Cultur anzupflanzen, die wahren Bedürfnissen entspricht und die nicht, wie die jetzige allgemeine Bildung, nur lehrt, sich über diese Bedürfnisse zu belügen und dadurch zur wandelnden Lüge zu werden.

In welche unnatürlichen, künstlichen und jedenfalls unwürdigen Lagen muss in einer Zeit, die an der allgemeinen Bildung leidet, die wahrhaftigste aller Wissenschaften, die ehrliche nackte Göttin Philosophie gerathen! Sie bleibt in einer solchen Welt der erzwungenen äusserlichen Uniformität gelehrter Monolog des einsamen Spaziergängers, zufällige Jagdbeute des Einzelnen, verborgenes Stubengeheimniss oder ungefährliches Geschwätz zwischen akademischen Greisen und Kindern. Niemand darf es wagen, das Gesetz der Philosophie an sich zu erfüllen, Niemand lebt philosophisch, mit jener einfachen Mannestreue, die einen Alten zwang, wo er auch war, was er auch trieb, sich als Stoiker zu gebärden, falls er der Stoa einmal Treue zugesagt hatte. Alles moderne Philosophiren ist politisch und polizeilich, durch Regierungen, Kirchen, Akademien, Sitten und Feigheiten der Menschen auf den gelehrten Anschein beschränkt: es bleibt beim Seufzen »wenn doch« oder bei der Erkenntniss »es war einmal.« Die Philosophie ist innerhalb der historischen Bildung ohne Recht, falls sie mehr sein will als ein innerlich zurückgehaltenes Wissen ohne Wirken; wäre der moderne Mensch überhaupt nur muthig und entschlossen, wäre er nicht selbst in seinen Feindschaften nur ein innerliches Wesen: er würde sie verbannen; so begnügt er sich, ihre Nudität schamhaft zu verkleiden. Ja, man denkt, schreibt, druckt, spricht, lehrt philosophisch, – so weit ist ungefähr Alles erlaubt, nur im Handeln, im sogenannten Leben ist es anders: da ist immer nur Eines erlaubt und alles Andere einfach unmöglich: so will's die historische Bildung. Sind das noch Menschen, fragt man sich dann, oder vielleicht nur Denk-, Schreib- und Redemaschinen?

Goethe sagt einmal von Shakespeare: »Niemand hat das materielle Kostüme mehr verachtet als er; er kennt recht gut das innere Menschen-Kostüme, und hier gleichen sich Alle. Man sagt, er habe die Römer vortrefflich dargestellt; ich finde es nicht; es sind lauter eingefleischte Engländer, aber freilich Menschen sind es, Menschen von Grund aus, und denen passt wohl auch die römische Toga.« Nun frage ich, ob es auch nur möglich wäre, unsere jetzigen Litteraten, Volksmänner, Beamte, Politiker als Römer vorzuführen; es will durchaus nicht angehen, weil sie keine Menschen sind, sondern nur eingefleischte Compendien und gleichsam concrete Abstracta. Wenn sie Charakter und eigne Art haben sollten, so steckt dies Alles so tief, dass es gar nicht sich an's Tageslicht herauswinden kann: wenn sie Menschen sein sollten, so sind sie es doch nur für den, »der die Nieren prüft.« Für jeden Anderen sind sie etwas Anderes, nicht Menschen, nicht Götter, nicht Thiere, sondern historische Bildungsgebilde, ganz und gar Bildung, Bild, Form ohne nachweisbaren Inhalt, leider nur schlechte Form, und überdies Uniform. Und so möge mein Satz verstanden und erwogen werden: *die Geschichte wird nur von starken Persönlichkeiten ertragen, die schwachen löscht sie vollends aus.* Das liegt darin, dass sie das Gefühl und die Empfindung verwirrt, wo diese nicht kräftig genug sind, die Vergangenheit an sich zu messen. Dem, der sich nicht mehr zu trauen wagt, sondern unwillkürlich für sein Empfinden bei der Geschichte um Rath fragt »wie soll ich hier empfinden?«, der wird allmählich aus Furchtsamkeit zum Schauspieler und spielt eine Rolle, meistens sogar viele

Rollen und deshalb jede so schlecht und flach. Allmählich fehlt alle Congruenz zwischen dem Mann und seinem historischen Bereiche; kleine vorlaute Burschen sehen wir mit den Römern umgehen als wären diese ihresgleichen: und in den Ueberresten griechischer Dichter wühlen und graben sie, als ob auch diese corpora für ihre Section bereit lägen und vilia wären, was ihre eignen litterarischen corpora sein mögen. Nehmen wir an, es beschäftige sich Einer mit Demokrit, so liegt mir immer die Frage auf den Lippen: warum nicht Heraklit? Oder Philo? Oder Bacon? Oder Descartes und so beliebig weiter. Und dann: warum denn just ein Philosoph? Warum nicht ein Dichter, ein Redner? Und: warum überhaupt ein Grieche, warum nicht ein Engländer, ein Türke? Ist denn nicht die Vergangenheit gross genug, um etwas zu finden, wobei ihr selbst euch nicht so lächerlich beliebig ausnehmt? Aber wie gesagt, es ist ein Geschlecht von Eunuchen; dem Eunuchen ist ein Weib wie das andere, eben nur Weib, das Weib an sich, das ewig Unnahbare – und so ist es gleichgültig was ihr treibt, wenn nur die Geschichte selbst schön »objectiv« bewahrt bleibt, nämlich von solchen, die nie selber Geschichte machen können. Und da euch das Ewig-Weibliche nie hinanziehen wird, so zieht ihr es zu euch herab und nehmt, als Neutra, auch die Geschichte als ein Neutrum. Damit man aber nicht glaube, dass ich im Ernste die Geschichte mit dem Ewig-Weiblichen vergleiche, so will ich vielmehr klärlich aussprechen, dass ich sie im Gegentheil für das Ewig-Männliche halte: nur dass es für die, welche durch und durch »historisch gebildet« sind, ziemlich gleichgültig sein muss, ob sie das Eine oder das Andere ist: sind sie doch selbst weder Mann noch Weib, nicht einmal Communia, sondern immer nur Neutra oder, gebildeter ausgedrückt, eben nur die Ewig-Objectiven.

Sind die Persönlichkeiten erst in der geschilderten Weise zu ewiger Subjectlosigkeit, oder wie man sagt, Objectivität ausgeblasen: so vermag nichts mehr auf sie zu wirken; es mag was Gutes und Rechtes geschehen, als That, als Dichtung, als Musik: sofort sieht der ausgehöhlte Bildungsmensch über das Werk hinweg und fragt nach der Historie des Autors. Hat dieser schon Mehreres geschaffen, sofort muss er sich den bisherigen und den muthmaasslichen weiteren Gang seiner Entwickelung deuten lassen, sofort wird er neben Andere zur Vergleichung gestellt, auf die Wahl seines Stoffes, auf seine Behandlung hin secirt, auseinandergerissen, weislich neu zusammengefügt und im Ganzen vermahnt und zurechtgewiesen. Es mag das Erstaunlichste geschehen, immer ist die Schaar der historisch Neutralen auf dem Platze, bereit den Autor schon aus weiter Ferne zu überschauen. Augenblicklich erschallt das Echo: aber immer als »Kritik«, während kurz vorher der Kritiker von der Möglichkeit des Geschehenden sich nichts träumen liess. Nirgends kommt es zu einer Wirkung, sondern immer nur wieder zu einer »Kritik«; und die Kritik selbst macht wieder keine Wirkung, sondern erfährt nur wieder Kritik. Dabei ist man übereingekommen, viel Kritiken als Wirkung, wenige als Misserfolg zu betrachten. Im Grunde aber bleibt, selbst bei sothaner »Wirkung«, alles beim Alten: man schätzt zwar eine Zeit lang etwas Neues, dann aber wieder etwas Neues und thut inzwischen das, was man immer gethan hat. Die historische Bildung unserer Kritiker erlaubt gar nicht mehr, dass es zu einer Wirkung im eigentlichen Verstande, nämlich zu einer Wirkung auf Leben und Handeln komme: auf die schwärzeste Schrift drücken sie sogleich ihr Löschpapier, auf die anmuthigste Zeichnung schmieren sie ihre dicken Pinselstriche, die als Correcturen angesehn werden sollen: da war's wieder einmal vorbei. Nie aber hört ihre kritische Feder auf zu fliessen, denn sie haben die Macht über sie verloren und werden mehr von ihr geführt anstatt sie zu führen. Gerade in dieser Maasslosigkeit ihrer kritischen Ergüsse, in dem Mangel der Herrschaft über sich selbst, in dem was die Römer impotentia nennen, verräth sich die Schwäche der modernen Persönlichkeit.

6.

Doch lassen wir diese Schwäche. Wenden wir uns vielmehr zu einer vielgerühmten Stärke des modernen Menschen mit der allerdings peinlichen Frage, ob er ein Recht dazu hat, sich seiner bekannten historischen »Objectivität« wegen stark, nämlich *gerecht* und in höherem Grade gerecht zu nennen als der Mensch anderer Zeiten.

Ist es wahr, dass jene Objectivität in einem gesteigerten Bedürfniss und Verlangen nach Gerechtigkeit ihren Ursprung hat? Oder erweckt sie als Wirkung ganz anderer Ursachen eben nur den Anschein, als ob die Gerechtigkeit die eigentliche Ursache dieser Wirkung sei? Verführt sie vielleicht zu einem schädlichen, weil allzu schmeichlerischen Vorurtheil über die Tugenden des modernen Menschen? – Sokrates hielt es für ein Leiden, das dem Wahnsinne nahe komme, sich den Besitz einer Tugend einzubilden und sie nicht zu besitzen: und gewiss ist eine solche Einbildung gefährlicher, als der entgegengesetzte Wahn, an einem Fehler, an einem Laster zu leiden. Denn durch diesen Wahn ist es vielleicht noch möglich, besser zu werden; jene Einbildung aber macht den Menschen oder eine Zeit täglich schlechter, also – in diesem Falle, ungerechter.

Wahrlich, niemand hat in höherem Grade einen Anspruch auf unsere Verehrung als der, welcher den Trieb und die Kraft zur Gerechtigkeit besitzt. Denn in ihr vereinigen und verbergen sich die höchsten und seltensten Tugenden wie in einem unergründlichen Meere, das von allen Seiten Ströme empfängt und in sich verschlingt. Die Hand des Gerechten, der Gericht zu halten befugt ist, erzittert nicht mehr, wenn sie die Wage hält; unerbittlich gegen sich selbst legt er Gewicht auf Gewicht, sein Auge trübt sich nicht, wenn die Wagschalen steigen und sinken, und seine Stimme klingt weder hart noch gebrochen, wenn er das Urtheil verkündet. Wäre er ein kalter Dämon der Erkenntniss, so würde er um sich die eisige Atmosphäre einer übermenschlich schrecklichen Majestät ausbreiten, die wir zu fürchten, nicht zu verehren hätten: aber dass er ein Mensch ist und doch aus lässlichem Zweifel zu strenger Gewissheit, aus duldsamer Milde zum Imperativ »du musst«, aus der seltenen Tugend der Grossmuth zur allerseltensten der Gerechtigkeit emporzusteigen versucht, dass er jetzt jenem Dämon ähnelt, ohne von Anbeginn etwas Anderes als ein armer Mensch zu sein, und vor Allem, dass er in jedem Augenblicke an sich selbst sein Menschenthum zu büssen hat und sich an einer unmöglichen Tugend tragisch verzehrt – dies Alles stellt ihn in eine einsame Höhe hin, als das *ehrwürdigste* Exemplar der Gattung Mensch; denn Wahrheit will er, doch nicht nur als kalte folgenlose Erkenntniss, sondern als die ordnende und strafende Richterin, Wahrheit nicht als egoistischen Besitz des Einzelnen, sondern als die heilige Berechtigung, alle Grenzsteine egoistischer Besitzthümer zu verrücken, Wahrheit mit einem Worte als Weltgericht und durchaus nicht etwa als erhaschte Beute und Lust des einzelnen Jägers. Nur insofern der Wahrhafte den unbedingten Willen hat, gerecht zu sein, ist an dem überall so gedankenlos glorificirten Streben nach Wahrheit etwas Grosses: während vor dem stumpferen Auge eine ganze Anzahl der verschiedenartigsten Triebe wie Neugier, Furcht vor der Langeweile, Missgunst, Eitelkeit, Spieltrieb, Triebe die gar nichts mit der Wahrheit zu thun haben, mit jenem Streben nach Wahrheit, das seine Wurzel in der Gerechtigkeit hat, zusammenfliessen. So scheint zwar die Welt voll zu sein von solchen, die »der Wahrheit dienen«; und doch ist die Tugend der Gerechtigkeit so selten vorhanden, noch seltener erkannt und fast immer auf den Tod gehasst: wohingegen die Schaar der scheinbaren Tugenden zu jeder Zeit geehrt und prunkend einherzog. Der Wahrheit dienen Wenige in Wahrheit, weil nur Wenige den reinen Willen haben gerecht zu sein und selbst von diesen wieder die Wenigsten die Kraft, gerecht sein zu können. Es genügt durchaus nicht, den Willen dazu allein zu haben: und die schrecklichsten Leiden sind gerade aus dem Gerechtigkeitstriebe ohne Urtheilskraft über die Menschen gekommen; weshalb die allgemeine Wohlfahrt nichts *mehr* erheischen würde, als den Saamen der Urtheilskraft so breit wie möglich auszustreuen, damit der Fanatiker von dem Richter, die blinde Begierde Richter zu sein von der bewussten Kraft richten zu dürfen, unterschieden bleibe. Aber wo fände sich ein Mittel, Urtheilskraft zu pflanzen! – daher die Menschen, wenn ihnen von Wahrheit und Gerechtigkeit geredet wird, ewig in einem zagenden Schwanken verharren werden, ob zu ihnen der Fanatiker oder der Richter rede. Man soll es ihnen deshalb verzeihen, wenn sie immer mit besonderem Wohlwollen diejenigen »Diener der Wahrheit« begrüsst haben, die weder den Willen noch die Kraft zu richten besitzen und sich die Aufgabe stellen, die »reine, folgenlose« Erkenntniss oder, deutlicher, die Wahrheit, bei der nichts herauskommt, zu suchen. Es giebt sehr viele gleichgültige Wahrheiten; es giebt Probleme, über die richtig zu urtheilen nicht einmal Ueberwindung, geschweige denn Aufopferung kostet. In diesem gleichgültigen und ungefährlichen Bereiche gelingt es einem Menschen wohl zu einem kalten Dämon der Erkenntniss zu werden; und trotzdem! Wenn selbst, in besonders begünstigten Zeiten, ganze Gelehrten- und Forscher-Cohorten in solche Dämonen umgewandelt werden – immerhin bleibt es leider möglich, dass eine solche Zeit an strenger und grosser Gerechtigkeit, kurz an dem edelsten Kerne des sogenannten Wahrheitstriebes Mangel leidet.

Nun stellte man sich den historischen Virtuosen der Gegenwart vor Augen: ist er der gerechteste Mann seiner Zeit? Es ist wahr, er hat in sich eine solche Zartheit und Erregbarkeit der Empfindung ausgebildet, dass ihm gar nichts Menschliches fern bleibt; die verschiedensten Zeiten und Personen klingen sofort auf seiner Lyra in verwandten Tönen nach: er ist zum nachtönenden Passivum geworden, das durch sein Ertönen wieder auf andere derartige Passiva wirkt: bis endlich die ganze Luft einer Zeit von solchen durcheinander schwirrenden zarten und verwandten Nachklängen erfüllt ist. Doch scheint es mir, dass man gleichsam nur die Obertöne jedes originalen geschichtlichen Haupttones vernimmt: das Derbe und Mächtige des Originals ist aus dem sphärisch-dünnen und spitzen Saitenklange nicht mehr zu errathen. Dafür weckte der Originalton meistens Thaten, Nöthe, Schrecken, dieser lullt uns ein und macht uns zu weichlichen Geniessern; es ist als ob man die heroische Symphonie für zwei Flöten eingerichtet und zum Gebrauch von träumenden Opiumrauchern bestimmt habe. Daran mag man nun schon ermessen, wie es mit dem obersten Anspruche des modernen Menschen, auf höhere und reinere Gerechtigkeit, bei diesen Virtuosen stehen wird; diese Tugend hat nie etwas Gefälliges, kennt keine reizenden Wallungen, ist hart und schrecklich. Wie niedrig steht, an ihr gemessen, schon die Grossmuth auf der Stufenleiter der Tugenden, die Grossmuth, welche die Eigenschaft einiger und seltener Historiker ist! Aber viel Mehrere bringen es nur zur Toleranz, zum Geltenlassen des einmal nicht Wegzuläugnenden, zum Zurechtlegen und maassvoll-wohlwollenden Beschönigen, in der klugen Annahme, dass der Unerfahrene es als Tugend der Gerechtigkeit auslege, wenn das Vergangene überhaupt ohne harte Accente und ohne den Ausdruck des Hasses erzählt wird. Aber nur die überlegene Kraft kann richten, die Schwäche muss toleriren, wenn sie nicht Stärke heucheln und die Gerechtigkeit auf dem Richterstuhle zur Schauspielerin machen will. Nun ist sogar noch eine fürchterliche Species von Historikern übrig, tüchtige, strenge und ehrliche Charaktere – aber enge Köpfe; hier ist der gute Wille gerecht zu sein eben so vorhanden wie das Pathos des Richterthums; aber alle Richtersprüche sind falsch, ungefähr aus dem gleichen Grunde, aus dem die Urtheilssprüche der gewöhnlichen Geschworenen-Collegien falsch sind. Wie unwahrscheinlich ist also die Häufigkeit des historischen Talentes! Um hier von den verkappten Egoisten und Parteigängern abzusehen, die zum bösen Spiele, das sie spielen, eine recht objective Miene machen. Ebenso abgesehen von den ganz unbesonnenen Leuten, die als Historiker im naiven Glauben schreiben, dass gerade ihre Zeit in allen Popularansichten Recht habe, und dass dieser Zeit gemäss zu schreiben so viel heisse, als überhaupt gerecht zu sein; ein Glaube, in dem eine jede Religion lebt, und über den, bei Religionen nichts weiter zu sagen ist. Jene naiven Historiker nennen »Objectivität« das Messen vergangener Meinungen und Thaten an den Allerwelts-Meinungen des Augenblicks: hier finden sie den Kanon aller Wahrheiten; ihre Arbeit ist, die Vergangenheit der zeitgemässen Trivialität anzupassen. Dagegen nennen sie jede Geschichtschreibung »subjectiv«, die jene Popularmeinungen nicht als kanonisch nimmt.

Und sollte nicht selbst bei der höchsten Ausdeutung des Wortes Objectivität eine Illusion mit unterlaufen? Man versteht dann mit diesem Worte einen Zustand im Historiker, in dem er ein Ereigniss in allen seinen Motiven und Folgen so rein anschaut, dass es auf sein Subject gar keine Wirkung thut: man meint jenes ästhetische Phänomen, jenes Losgebundensein vom persönlichen Interesse, mit dem der Maler in einer stürmischen Landschaft, unter Blitz und Donner oder auf bewegter See, sein inneres Bild schaut, man meint das völlige Versunkensein in die Dinge: ein Aberglaube jedoch ist es, dass das Bild, welches die Dinge in einem solchermaassen gestimmten Menschen zeigen, das empirische Wesen der Dinge wiedergebe. Oder sollten sich in jenen Momenten die Dinge gleichsam durch ihre eigene Thätigkeit auf einem reinen Passivum abzeichnen, abkonterfeien, abphotographiren?

Dies wäre eine Mythologie und eine schlechte obendrein: zudem vergässe man, dass jener Moment gerade der kräftigste und selbstthätigste Zeugungsmoment im Innern des Künstlers ist, ein Compositionsmoment allerhöchster Art, dessen Resultat wohl ein künstlerisch wahres, nicht ein historisch wahres Gemälde sein wird. In dieser Weise die Geschichte objectiv denken ist die stille Arbeit des Dramatikers; nämlich Alles aneinander denken, das Vereinzelte zum Ganzen weben: überall mit der Voraussetzung, dass eine Einheit des Planes in die Dinge gelegt werden müsse, wann sie nicht darinnen sei. So überspinnt der Mensch die Vergangenheit und bändigt sie, so äussert sich sein Kunsttrieb – nicht aber sein Wahrheits-, sein Gerechtigkeitstrieb. Objectivität und Gerechtigkeit haben nichts miteinander zu thun. Es wäre eine Geschichtschreibung zu denken, die keinen Tropfen der gemeinen empirischen Wahrheit in sich hat und doch im höchsten Grade auf das Prädicat der Objectivität Anspruch machen dürfte. Ja, Grillparzer wagt zu erklären »was ist denn Geschichte anders als die Art wie der Geist des Menschen die ihm *undurchdringlichen Begebenheiten* aufnimmt; das, weiss Gott ob Zusammengehörige verbindet; das Unverständliche durch etwas Verständliches ersetzt; seine Begriffe von Zweckmässigkeit nach Aussen einem Ganzen unterschiebt, das wohl nur eine nach Innen kennt; und wieder Zufall annimmt, wo tausend kleine Ursachen wirkten. Jeder Mensch hat zugleich seine Separatnothwendigkeit, so dass Millionen Richtungen parallel in krummen und geraden Linien nebeneinander laufen, sich durchkreuzen, fördern, hemmen, vor- und rückwärts streben und dadurch für einander den Charakter des Zufalls annehmen und es so, abgerechnet die Einwirkungen der Naturereignisse, unmöglich machen, eine durchgreifende, Alle umfassende Nothwendigkeit des Geschehenden nachzuweisen«. Nun soll aber gerade, als Ergebniss jenes »objectiven« Blickes auf die Dinge, eine solche Nothwendigkeit an's Licht gezogen werden! Dies ist eine Voraussetzung, die, wenn sie als Glaubenssatz vom Historiker ausgesprochen wird, nur wunderliche Gestalt annehmen kann; Schiller zwar ist über das recht eigentlich Subjective dieser Annahme völlig im Klaren, wenn er vom Historiker sagt: »eine Erscheinung nach der anderen fängt an, sich dem blinden Ohngefähr, der gesetzlosen Freiheit zu entziehen und sich einem übereinstimmenden Ganzen – *das freilich nur in seiner Vorstellung vorhanden ist* – als ein passendes Glied einzureihen«. Was soll man aber von der so glaubensvoll eingeführten, zwischen Tautologie und Widersinn künstlich schwebenden Behauptung eines berühmten historischen Virtuosen halten: »es ist nicht anders als dass alles menschliche Thun und Treiben dem leisen und der Bemerkung oft entzogenen, aber gewaltigen und unaufhaltsamen Gange der Dinge unterworfen ist«? In einem solchen Satze spürt man nicht mehr räthselhafte

Wahrheit als unräthselhafte Unwahrheit; wie im Ausspruch des Goethischen Hofgärtners »die Natur lässt sich wohl forciren, aber nicht zwingen«, oder in der Inschrift einer Jahrmarktsbude, von der Swift erzählt: »hier ist zu sehen der grösste Elephant der Welt, mit Ausnahme seiner selbst«. Denn welches ist doch der Gegensatz zwischen dem Thun und Treiben der Menschen und dem Gange der Dinge? Ueberhaupt fällt mir auf, dass solche Historiker, wie jener, von dem wir einen Satz anführten, nicht mehr belehren, sobald sie allgemein werden und dann das Gefühl ihrer Schwäche in Dunkelheiten zeigen. In anderen Wissenschaften sind die Allgemeinheiten das Wichtigste, insofern sie die Gesetze enthalten: sollten aber solche Sätze wie der angeführte für Gesetze gelten wollen, so wäre zu entgegnen, dass dann die Arbeit des Geschichtschreibers verschwendet ist; denn was überhaupt an solchen Sätzen wahr bleibt, nach Abzug jenes dunklen unauflöslichen Restes, von dem wir sprachen – das ist bekannt und sogar trivial; denn es wird jedem in dem kleinsten Bereiche der Erfahrungen vor die Augen kommen. Deshalb aber ganze Völker incommodiren und mühsame Arbeitsjahre darauf wenden hiesse doch nichts Anderes, als in den Naturwissenschaften Experiment auf Experiment häufen, nachdem aus dem vorhandenen Schatze der Experimente längst das Gesetz abgeleitet werden kann: an welchem sinnlosen Uebermaass des Experimentirens übrigens nach Zöllner die gegenwärtige Naturwissenschaft leiden soll. Wenn der Werth eines Dramas nur in dem Schluss- und

Hauptgedanken liegen sollte, so würde das Drama selbst ein möglichst weiter, ungerader und mühsamer Weg zum Ziele sein; und so hoffe ich, dass die Geschichte ihre Bedeutung nicht in den allgemeinen Gedanken, als einer Art von Blüthe und Frucht, erkennen dürfe: sondern dass ihr Werth gerade der ist, ein bekanntes, vielleicht gewöhnliches Thema, eine Alltags-Melodie geistreich zu umschreiben, zu erheben, zum umfassenden Symbol zu steigern und so in dem Original-Thema eine ganze Welt von Tiefsinn, Macht und Schönheit ahnen zu lassen.

Dazu gehört aber vor Allem eine grosse künstlerische Potenz, ein schaffendes Darüberschweben, ein liebendes Versenktsein in die empirischen Data, ein Weiterdichten an gegebenen Typen – dazu gehört allerdings Objectivität, aber als positive Eigenschaft. So oft aber ist Objectivität nur eine Phrase. An Stelle jener innerlich blitzenden, äusserlich unbewegten und dunklen Ruhe des Künstlerauges tritt die Affectation der Ruhe; wie sich der Mangel an Pathos und moralischer Kraft als schneidende Kälte der Betrachtung zu verkleiden pflegt. In gewissen Fällen wagt sich die Banalität der Gesinnung, die Jedermanns-Weisheit, die nur durch ihre Langweiligkeit den Eindruck des Ruhigen, Unaufgeregten macht, hervor, um für jenen künstlerischen Zustand zu gelten, in welchem das Subject schweigt und völlig unbemerkbar wird. Dann wird alles hervorgesucht, was überhaupt nicht aufregt, und das trockenste Wort ist gerade recht. Ja man geht so weit anzunehmen, dass der, den ein Moment der Vergangenheit *gar nichts angehe*, berufen sei ihn darzustellen. So verhalten sich häufig Philologen und Griechen zu einander: sie gehen sich gar nichts an – das nennt man dann wohl auch »Objectivität«! Wo nun gerade das Höchste und Seltenste dargestellt werden soll, da ist das absichtliche und zur Schau getragene Unbetheiligtsein, die hervorgesuchte nüchtern flache Motivirungskunst geradezu empörend – wenn nämlich die *Eitelkeit* des Historikers zu dieser objectiv sich gebärdenden Gleichgültigkeit treibt. Uebrigens hat man bei solchen Autoren sein Urtheil näher nach dem Grundsatze zu motiviren, dass jeder Mann gerade so viel Eitelkeit hat als es ihm an Verstande fehlt. Nein, seid wenigstens ehrlich! Sucht nicht den Schein der künstlerischen Kraft, die wirklich Objectivität zu nennen ist, sucht nicht den Schein der Gerechtigkeit, wenn ihr nicht zu dem furchtbaren Berufe des Gerechten geweiht seid. Als ob es auch die Aufgabe jeder Zeit wäre, gegen Alles, was einmal war, gerecht sein zu müssen! Zeiten und Generationen haben sogar niemals Recht, Richter aller früheren Zeiten und Generationen zu sein: sondern immer nur Einzelnen und zwar den Seltensten fällt einmal eine so unbequeme Mission zu. Wer zwingt euch zu richten? Und dann – prüft euch nur, ob ihr gerecht sein könntet, wenn ihr es wolltet! Als Richter müsstet ihr höher stehen, als der zu Richtende; während ihr nur später gekommen seid. Die Gäste die zuletzt zur Tafel kommen, sollen mit Recht die letzten Plätze erhalten: und ihr wollt die ersten haben? Nun dann thut wenigstens das Höchste und Grösste; vielleicht macht man euch dann wirklich Platz, auch wenn ihr zuletzt kommt.

Nur aus der höchsten Kraft der Gegenwart dürft ihr das Vergangene deuten: nur in der stärksten Anspannung eurer edelsten Eigenschaften werdet ihr errathen, was in dem Vergangnen wissens- und bewahrenswürdig und gross ist. Gleiches durch Gleiches! Sonst zieht ihr das Vergangene zu euch nieder. Glaubt einer Geschichtschreibung nicht, wenn sie nicht aus dem Haupte der seltensten Geister herausspringt; immer aber werdet ihr merken, welcher Qualität ihr Geist ist, wenn sie genöthigt wird, etwas Allgemeines auszusprechen oder etwas Allbekanntes noch einmal zu sagen: der ächte Historiker muss die Kraft haben, das Allbekannte zum Niegehörten umzuprägen und das Allgemeine so einfach und tief zu verkünden, dass man die Einfachheit über der Tiefe und die Tiefe über der Einfachheit übersieht. Es kann keiner zugleich ein grosser Historiker, ein künstlerischer Mensch und ein Flachkopf sein: dagegen soll man nicht die karrenden, aufschüttenden, sichtenden Arbeiter geringschätzen, weil sie gewiss nicht zu grossen Historikern werden können; man soll sie noch weniger mit jenen verwechseln, sondern sie als die nöthigen Gesellen und Handlanger im Dienste des Meisters begreifen: so etwa wie die Franzosen, mit grösserer Naivität als bei den Deutschen möglich, von den historiens de M. Thiers zu reden pflegten. Diese Arbeiter sollen allmählich grosse Gelehrte werden, können aber deshalb noch nie Meister sein. Ein grosser Gelehrter und ein grosser Flachkopf – das geht schon leichter miteinander unter Einem Hute.

Also: Geschichte schreibt der Erfahrene und Ueberlegene. Wer nicht Einiges grösser und höher erlebt hat als Alle, wird auch nichts Grosses und Hohes aus der Vergangenheit zu deuten wissen. Der Spruch der Vergangenheit ist immer ein Orakelspruch: nur als Baumeister der Zukunft, als Wissende der Gegenwart werdet ihr ihn verstehen. Man erklärt jetzt die ausserordentlich tiefe und weite Wirkung Delphi's besonders daraus, dass die delphischen Priester genaue Kenner des Vergangenen waren; jetzt geziemt sich zu wissen, dass nur der, welcher die Zukunft baut, ein Recht hat, die Vergangenheit zu richten. Dadurch dass ihr vorwärts seht, ein grosses Ziel euch steckt, bändigt ihr zugleich jenen üppigen analytischen Trieb, der euch jetzt die Gegenwart verwüstet und alle Ruhe, alles friedfertige Wachsen und Reifwerden fast unmöglich macht. Zieht um euch den Zaun einer grossen und umfänglichen Hoffnung, eines hoffenden Strebens. Formt in euch ein Bild, dem die Zukunft entsprechen soll, und vergesst den Aberglauben, Epigonen zu sein. Ihr habt genug zu ersinnen und zu erfinden, indem ihr auf jenes zukünftige Leben sinnt; aber fragt nicht bei der Geschichte an, dass sie euch das Wie? das Womit? zeige. Wenn ihr euch dagegen in die Geschichte grosser Männer hineinlebt, so werdet ihr aus ihr ein oberstes Gebot lernen, reif zu werden, und jenem lähmenden Erziehungsbanne der Zeit zu entfliehen, die ihren Nutzen darin sieht, euch nicht reif werden zu lassen, um euch, die Unreifen, zu beherrschen und auszubeuten. Und wenn ihr nach Biographien verlangt, dann nicht nach jenen mit dem Refrain »Herr So und So und seine Zeit«, sondern nach solchen, auf deren Titelblatte es heissen müsste »ein Kämpfer gegen seine Zeit«. Sättigt eure Seelen an Plutarch und wagt es an euch selbst zu glauben, indem ihr an seine Helden glaubt. Mit einem Hundert solcher unmodern erzogener, das heisst reif gewordener und an das Heroische gewöhnter Menschen ist jetzt die ganze lärmende Afterbildung dieser Zeit zum ewigen Schweigen zu bringen. –

7.

Der historische Sinn, wenn er *ungebändigt* waltet und alle seine Consequenzen zieht, entwurzelt die Zukunft, weil er die Illusionen zerstört und den bestehenden Dingen ihre Atmosphäre nimmt, in der sie allein leben können. Die historische Gerechtigkeit, selbst wenn sie wirklich und in reiner Gesinnung geübt wird, ist deshalb eine schreckliche Tugend, weil sie immer das Lebendige untergräbt und zu Falle bringt: ihr Richten ist immer ein Vernichten. Wenn hinter dem historischen Triebe kein Bautrieb wirkt, wenn nicht zerstört und aufgeräumt wird, damit eine bereits in der Hoffnung lebendige Zukunft auf dem befreiten Boden ihr Haus baue, wenn die Gerechtigkeit allein waltet, dann wird der schaffende Instinct entkräftet und entmuthigt. Eine Religion zum

Beispiel, die in historisches Wissen, unter dem Walten der reinen Gerechtigkeit, umgesetzt werden soll, eine Religion, die durch und durch wissenschaftlich erkannt werden soll, ist am Ende dieses Weges zugleich vernichtet. Der Grund liegt darin, dass bei der historischen Nachrechnung jedesmal so viel Falsches, Rohes, Unmenschliches, Absurdes, Gewaltsames zu Tage tritt, dass die pietätvolle Illusions-Stimmung, in der Alles, was leben will, allein leben kann, nothwendig zerstiebt: nur in Liebe aber, nur umschattet von der Illusion der Liebe schafft der Mensch, nämlich nur im unbedingten Glauben an das Vollkommene und Rechte. Jedem, den man zwingt, nicht mehr unbedingt zu lieben, hat man die Wurzeln seiner Kraft abgeschnitten: er muss verdorren, nämlich unehrlich werden. In solchen Wirkungen ist der Historie die Kunst entgegengesetzt: und nur wenn die Historie es erträgt, zum Kunstwerk umgebildet, also reines Kunstgebilde zu werden, kann sie vielleicht Instincte erhalten oder sogar wecken. Eine solche Geschichtschreibung würde aber durchaus dem analytischen und unkünstlerischen Zuge unserer Zeit widersprechen, ja von ihr als Fälschung empfunden werden. Historie aber, die nur zerstört, ohne dass ein innerer Bautrieb sie führt, macht auf die Dauer ihre Werkzeuge blasirt und unnatürlich: denn solche Menschen zerstören Illusionen, und »wer die Illusion in sich und Anderen zerstört, den straft die Natur als der strengste Tyrann.« Eine gute Zeit lang zwar kann man sich wohl mit der Historie völlig harmlos und unbedachtsam beschäftigen, als ob es eine Beschäftigung so gut wie jede andere wäre; insbesondere scheint die neuere Theologie sich rein aus Harmlosigkeit mit der Geschichte eingelassen zu haben und jetzt noch will sie es kaum merken, dass sie damit, wahrscheinlich sehr wider Willen, im Dienste des Voltaire'schen écrasez steht. Vermuthe Niemand dahinter neue kräftige Bau-Instincte; man müsste denn den sogenannten Protestanten-Verein als Mutterschooss einer neuen Religion und etwa den Juristen Holtzendorf (den Herausgeber und Vorredner der noch viel sogenannteren Protestanten-Bibel) als Johannes am Flusse Jordan gelten lassen. Einige Zeit hilft vielleicht die in älteren Köpfen noch qualmende Hegelische Philosophie zur Propagation jener Harmlosigkeit, etwa dadurch, dass man die »Idee des Christenthums« von ihren mannichfach unvollkommenen »Erscheinungsformen« unterscheidet und sich vorredet, es sei wohl gar die »Liebhaberei der Idee«, sich in immer reineren Formen zu offenbaren, zuletzt nämlich als die gewiss allerreinste, durchsichtigste, ja kaum sichtbare Form im Hirne des jetzigen theologus liberalis vulgaris. Hört man aber diese allerreinlichsten Christenthümer sich über die früheren unreinlichen Christenthümer aussprechen, so hat der nicht betheiligte Zuhörer oft den Eindruck, es sei gar nicht vom Christenthume die Rede, sondern von – nun woran sollen wir denken? wenn wir das Christenthum von dem »grössten Theologen des Jahrhunderts« als die Religion bezeichnet finden, die es verstattet, »sich in alle wirklichen und noch einige andere bloss mögliche

Religionen hineinzuempfinden«, und wenn die »wahre Kirche« die sein soll, welche »zur fliessenden Masse wird, wo es keine Umrisse giebt, wo jeder Theil sich bald hier bald dort befindet und alles sich friedlich untereinander mengt«. – Nochmals, woran sollen wir denken?

Was man am Christenthume lernen kann, dass es unter der Wirkung einer historisirenden Behandlung blasirt und unnatürlich geworden ist, bis endlich eine vollkommen historische, das heisst gerechte Behandlung es in reines Wissen um das Christenthum auflöst und dadurch vernichtet, das kann man an allem, was Leben hat, studiren: dass es aufhört zu leben, wenn es zu Ende secirt ist und schmerzlich krankhaft lebt, wenn man anfängt an ihm die historischen Secirübungen zu machen. Es giebt Menschen, die an eine umwälzende und reformirende Heilkraft der deutschen Musik unter Deutschen glauben: sie empfinden es mit Zorne und halten es für ein Unrecht, begangen am Lebendigsten unserer Cultur, wenn solche Männer wie Mozart und Beethoven bereits jetzt mit dem ganzen gelehrten Wust des Biographischen überschüttet und mit dem Foltersystem historischer Kritik zu Antworten auf tausend zudringliche Fragen gezwungen werden. Wird nicht dadurch das in seinen lebendigen Wirkungen noch gar nicht Erschöpfte zur Unzeit abgethan oder mindestens gelähmt, dass man die Neubegierde auf zahllose Mikrologien des Lebens und der Werke richtet und Erkenntniss-Probleme dort sucht, wo man lernen sollte zu leben und alle Probleme zu vergessen. Versetzt nur ein Paar solcher modernen Biographen in Gedanken an die Geburtsstätte des Christenthums oder der lutherischen Reformation; ihre nüchterne pragmatisirende Neubegier hätte gerade ausgereicht, um jede geisterhafte actio in distans unmöglich zu machen: wie das elendeste Thier die Entstehung der mächtigsten Eiche verhindern kann, dadurch dass es die Eichel verschluckt. Alles Lebendige braucht um sich eine Atmosphäre, einen geheimnissvollen Dunstkreis; wenn man ihm diese Hülle nimmt, wenn man eine Religion, eine Kunst, ein Genie verurtheilt, als Gestirn ohne Atmosphäre zu kreisen: so soll man sich über das schnelle Verdorren, Hart- und Unfruchtbar-werden nicht mehr wundern. So ist es nun einmal bei allen grossen Dingen,

»die nie ohn' ein'gen Wahn gelingen«,
wie Hans Sachs in den Meistersingern sagt.

Aber selbst jedes Volk, ja jeder Mensch, der *reif* werden will, braucht einen solchen umhüllenden Wahn, eine solche schützende und umschleiernde Wolke; jetzt aber hasst man das Reifwerden überhaupt, weil man die Historie mehr als das Leben ehrt. Ja man triumphirt darüber, dass jetzt »die Wissenschaft anfange über das Leben zu herrschen«: möglich, dass man das erreicht; aber gewiss ist ein derartig beherrschtes Leben nicht viel werth, weil es viel weniger *Leben* ist und viel weniger Leben für die Zukunft verbürgt, als das ehemals nicht durch das Wissen, sondern durch Instincte und kräftige Wahnbilder beherrschte Leben. Aber es soll auch gar nicht, wie gesagt, das Zeitalter der fertig und reif gewordenen, der harmonischen Persönlichkeiten sein, sondern das der gemeinsamen möglichst nutzbaren Arbeit. Das heisst eben doch nur: die Menschen sollen zu den Zwecken der Zeit abgerichtet werden, um so zeitig als möglich mit Hand anzulegen; sie sollen in der Fabrik der allgemeinen Utilitäten arbeiten, bevor sie reif sind, ja damit sie gar nicht mehr reif werden – weil dies ein Luxus wäre, der »dem Arbeitsmarkte« eine Menge von Kraft entziehen würde. Man blendet einige Vögel, damit sie schöner singen: ich glaube nicht, dass die jetzigen Menschen schöner singen, als ihre Grossväter, aber das weiss ich, dass man sie zeitig blendet. Das Mittel aber, das verruchte Mittel, das man anwendet, um sie zu blenden, ist *allzu helles, allzu plötzliches, allzu wechselndes Licht*. Der junge Mensch wird durch alle Jahrtausende gepeitscht: Jünglinge, die nichts von einem Kriege, einer diplomatischen Action, einer Handelspolitik verstehen, werden der Einführung in die politische Geschichte für würdig befunden. So aber wie der junge Mensch durch die Geschichte läuft, so laufen wir Modernen durch die Kunstkammern, so hören wir Concerte. Man fühlt wohl, das klingt anders als jenes, das wirkt anders als jenes: dies Gefühl der Befremdung immer mehr zu verlieren, über nichts mehr übermässig zu erstaunen, endlich alles sich gefallen lassen – das nennt man dann wohl den historischen Sinn, die historische Bildung. Ohne Beschönigung des Ausdrucks gesprochen: die Masse des Einströmenden ist so gross, das Befremdende, Barbarische und Gewaltsame dringt so übermächtig, »zu scheusslichen Klumpen geballt«, auf die jugendliche Seele ein, dass sie sich nur mit einem vorsätzlichen Stumpfsinn zu retten weiss. Wo ein feineres und stärkeres Bewusstsein zu Grunde lag, stellt sich wohl auch eine andere Empfindung ein: Ekel. Der junge Mensch ist so heimatlos geworden und zweifelt an allen Sitten und Begriffen. Jetzt weiss er es: in allen Zeiten war es anders, es kommt nicht darauf an, wie du bist. In schwermüthiger Gefühllosigkeit lässt er Meinung auf Meinung an sich vorübergehen und begreift das Wort und die Stimmung Hölderlins beim Lesen des Laertius Diogenes über Leben und Lehren griechischer Philosophen: »ich habe auch hier wieder erfahren, was mir schon manchmal begegnet ist, dass mir nämlich das Vorübergehende und Abwechselnde der menschlichen Gedanken und Systeme fast tragischer aufgefallen ist, als die Schicksale, die man gewöhnlich allein die wirklichen nennt.« Nein, ein solches überschwemmendes, betäubendes und gewaltsames Historisiren ist gewiss nicht für die Jugend nöthig, wie die Alten zeigen, ja im höchsten Grade gefährlich, wie die Neueren zeigen. Nun betrachte man aber gar den historischen Studenten, den Erben einer allzufrühen, fast im Knabenalter schon sichtbar gewordenen Blasirtheit. Jetzt ist ihm die »Methode« zu eigener Arbeit, der rechte Griff und der vornehme Ton nach des Meisters Manier zu eigen geworden; ein ganz isolirtes Capitelchen der Vergangenheit ist seinem Scharfsinn und der erlernten Methode zum Opfer gefallen; er hat bereits producirt, ja mit stolzerem Worte, er hat »geschaffen«, er ist nun

Diener der Wahrheit durch die That und Herr im historischen Weltbereiche geworden. War er schon als Knabe »fertig«, so ist er nun bereits überfertig: man braucht an ihm nur zu schütteln, so fällt einem die Weisheit mit Geprassel in den Schooss; doch die Weisheit ist faul und jeder Apfel hat seinen Wurm. Glaubt es mir: wenn die Menschen in der wissenschaftlichen Fabrik arbeiten und nutzbar werden sollen, bevor sie reif sind, so ist in Kurzem die Wissenschaft ebenso ruinirt, wie die allzuzeitig in dieser Fabrik verwendeten Sclaven. Ich bedaure, dass man schon nöthig hat, sich des sprachlichen Jargons der Sclavenhalter und Arbeitgeber zur Bezeichnung solcher Verhältnisse zu bedienen, die an sich frei von Utilitäten, enthoben der Lebensnoth gedacht werden sollten: aber unwillkürlich drängen sich die Worte »Fabrik, Arbeitsmarkt, Angebot, Nutzbarmachung« – und wie all die Hülfszeitwörter des Egoismus lauten – auf die Lippen, wenn man die jüngste Generation der Gelehrten schildern will. Die gediegene Mittelmässigkeit wird immer mittelmässiger, die Wissenschaft im ökonomischen Sinne immer nutzbarer. Eigentlich sind die allerneuesten Gelehrten nur in Einem Punkte weise, darin freilich weiser als alle Menschen der Vergangenheit, in allen übrigen Punkten nur unendlich anders – vorsichtig gesprochen – als alle Gelehrten alten Schlags. Trotzdem fordern sie Ehren und Vortheile für sich ein, als ob der Staat und die öffentliche Meinung verpflichtet wären, die neuen Münzen für eben so voll zu nehmen wie die alten. Die Kärrner haben unter sich einen Arbeitsvertrag gemacht und das Genie als überflüssig decretirt – dadurch dass jeder Kärrner zum Genie umgestempelt wird: wahrscheinlich wird es eine spätere Zeit ihren Bauten ansehen, dass sie zusammengekarrt, nicht zusammengebaut sind. Denen, die unermüdlich den modernen Schlacht- und Opferruf »Theilung der Arbeit! In Reih' und Glied!« im Munde führen, ist einmal klärlich und rund zu sagen: wollt ihr die Wissenschaft möglichst schnell fördern, so werdet ihr sie auch möglichst schnell vernichten; wie euch die Henne zu Grunde geht, die ihr künstlich zum allzuschnellen Eierlegen zwingt. Gut, die Wissenschaft ist in den letzten Jahrzehnten erstaunlich schnell gefördert worden: aber seht euch nun auch die Gelehrten, die erschöpften Hennen an. Es sind wahrhaftig keine »harmonischen« Naturen: nur gackern können sie mehr als je, weil sie öfter Eier legen: freilich sind auch die Eier immer kleiner (obzwar die Bücher immer dicker) geworden. Als letztes und natürliches Resultat ergiebt sich das allgemein beliebte »Popularisiren« (nebst »Feminisiren« und »Infantisiren«) der Wissenschaft, das heisst das berüchtigte Zuschneiden des Rockes der Wissenschaft auf den Leib des »gemischten Publicums«: um uns hier einmal für eine schneidermässige Thätigkeit auch eines schneidermässigen Deutschen zu befleissigen. Goethe sah darin einen Missbrauch und verlangte, dass die Wissenschaften nur durch eine *erhöhte Praxis* auf die äussere Welt wirken sollten. Den älteren Gelehrten-Generationen dünkte überdies ein solcher Missbrauch aus guten Gründen schwer und lästig: ebenfalls aus guten Gründen fällt er den jüngeren Gelehrten leicht, weil sie selbst, von einem ganz kleinen Wissens-Winkel abgesehen, sehr gemischtes Publicum sind und dessen Bedürfnisse in sich tragen. Sie brauchen sich nur einmal bequem hinzusetzen, so gelingt es ihnen, auch ihr kleines Studienbereich jener gemischt-populären Bedürfniss-Neubegier aufzuschliessen. Für diesen Bequemlichkeitsakt praetendirt man hinterdrein den Namen »bescheidene Herablassung des Gelehrten zu seinem Volke«: während im Grunde der Gelehrte nur zu sich, soweit er nicht Gelehrter, sondern Pöbel ist, herabstieg. Schafft euch den Begriff eines »Volkes«: den könnt ihr nie edel und hoch genug denken. Dächtet ihr gross vom Volke, so wäret ihr auch barmherzig gegen dasselbe und hütetet euch wohl, euer historisches Scheidewasser ihm als Lebens- und Labetrank anzubieten. Aber ihr denkt im tiefsten Grunde von ihm gering, weil ihr vor seiner Zukunft keine wahre und sicher gegründete Achtung haben dürft, und ihr handelt als praktische Pessimisten, ich meine als Menschen, welche die Ahnung eines Unterganges leitet und die dadurch gegen das fremde, ja gegen das eigene Wohl gleichgültig und lässlich werden. Wenn *uns* nur die Scholle noch trägt! Und wenn sie uns nicht mehr trägt, dann soll es auch recht sein – so empfinden sie und leben eine *ironische* Existenz.

8.

Es darf zwar befremdend, aber nicht widerspruchsvoll erscheinen, wenn ich dem Zeitalter, das so hörbar und aufdringlich in das unbekümmertste Frohlocken über seine historische Bildung auszubrechen pflegt, trotzdem eine Art von *ironischem Selbstbewusstsein* zuschreibe, ein darüberschwebendes Ahnen, dass hier nicht zu frohlocken sei, eine Furcht, dass es vielleicht bald mit aller Lustbarkeit der historischen Erkenntnis vorüber sein werde. Ein ähnliches Räthsel in Betreff einzelner Persönlichkeiten hat uns Goethe, durch seine merkwürdige Charakteristik Newtons hingestellt: er findet im Grunde (oder richtiger: in der Höhe) seines Wesens »eine trübe Ahnung seines Unrechtes«, gleichsam als den in einzelnen Augenblicken bemerkbaren Ausdruck eines überlegenen richtenden Bewusstseins, das über die nothwendige ihm innewohnende Natur eine gewisse ironische Uebersicht erlangt habe. So findet man gerade in den grösser und höher entwickelten historischen Menschen ein oft bis zu allgemeiner Skepsis gedämpftes Bewusstsein davon, wie gross die Ungereimtheit und der Aberglaube sei zu glauben, dass die Erziehung eines Volkes so überwiegend historisch sein müsse, wie sie es jetzt ist; haben doch gerade die kräftigsten Völker, und zwar kräftig in Thaten und Werken, anders gelebt, anders ihre Jugend herangezogen. Aber uns ziemt jene Ungereimtheit, jener Aberglaube – so lautet die skeptische Einwendung – uns den Spätgekommenen, den abgeblassten letzten Sprossen mächtiger und frohmüthiger Geschlechter, uns, auf die Hesiod's Prophezeiung zu deuten ist, dass die Menschen einst sogleich graubehaart geboren würden, und dass Zeus dies Geschlecht vertilgen werde, sobald jenes Zeichen an ihm sichtbar geworden sei. Die historische Bildung ist auch wirklich eine Art angeborener Grauhaarigkeit und die, welche ihr Zeichen von Kindheit her an sich tragen, müssen wohl zu dem instinctiven Glauben vom *Alter der Menschheit* gelangen: dem Alter aber gebührt jetzt eine greisenhafte Beschäftigung, nämlich Zurückschauen, Ueberrechnen, Abschliessen, Trost suchen im Gewesenen, durch Erinnerungen, kurz historische Bildung. Das Menschengeschlecht ist aber ein zähes und beharrliches Ding und will nicht nach Jahrtausenden, ja kaum nach Hunderttausenden von Jahren in seinen Schritten – vorwärts und rückwärts – betrachtet werden, das heisst, es will als Ganzes von dem unendlich kleinen Atompünktchen, dem einzelnen Menschen, *gar nicht* betrachtet werden. Was wollen denn ein Paar Jahrtausende besagen (oder anders ausgedrückt der Zeitraum von 34 aufeinanderfolgenden, zu 60 Jahren gerechneten Menschenleben), um im Anfang einerr solchen Zeit noch von »Jugend« , am Schlusse bereits von »Alter der Menschheit« reden zu können! Steckt nicht vielmehr in diesem lähmenden Glauben an eine bereits abwelkende Menschheit das Missverständniss einer, vom Mittelalter her vererbten, christlich theologischen Vorstellung, der Gedanke an das nahe Weltende, an das bänglich erwartete Gericht? Umkleidet sich jene Vorstellung wohl durch das gesteigerte historische Richter-Bedürfniss, als ob unsere Zeit, die letzte der möglichen, selbst jenes Weltgericht über alles Vergangene abzuhalten befugt sei, welches der christliche Glaube keineswegs vom Menschen, aber von »des Menschen Sohn« erwartete? Früher war dieses, der Menschheit sowohl wie dem Einzelnen zugerufene »memento mori« ein immer quälender Stachel und gleichsam die Spitze des mittelalterlichen Wissens und Gewissens. Das ihm entgegengerufene Wort der neueren Zeit: »memento vivere« klingt, offen zu reden, noch ziemlich verschüchtert, kommt nicht aus voller Kehle und hat beinahe etwas Unehrliches. Denn die Menschheit sitzt noch fest auf dem Memento mori und verräth es durch ihr universales historisches Bedürfniss: das Wissen hat, trotz seinem mächtigsten Flügelschlage, sich nicht in's Freie losreissen können, ein tiefes Gefühl von Hoffnungslosigkeit ist übrig geblieben und hat jene historische Färbung angenommen, von der jetzt alle höhere Erziehung und Bildung schwermüthig umdunkelt ist. Eine Religion, die von allen Stunden eines Menschenlebens die letzte für die wichtigste hält, die einen Schluss des Erdenlebens überhaupt voraussagt und alle Lebenden verurtheilt, im fünften Akte der Tragödie zu leben, regt gewiss die tiefsten und edelsten Kräfte auf, aber sie ist feindlich gegen alles Neu-Anpflanzen, Kühn-Versuchen, Frei-Begehren, sie widerstrebt jedem Fluge in's Unbekannte, weil sie dort nicht liebt, nicht hofft: sie lässt das Werdende sich nur wider Willen aufdrängen, um es, zur rechten Zeit, als einen Verführer zum Dasein, als einen Lügner über den Werth des Daseins, bei Seite zu drängen oder hinzuopfern. Das, was die Florentiner thaten, als sie unter dem Eindrucke der Busspredigten des Savonarola jene berühmten Opferbrände von Gemälden, Manuscripten, Spiegeln, Larven veranstalteten, das möchte das Christenthum mit jeder Cultur thun, die zum Weiterstreben reizt und jenes memento vivere als Wahlspruch führt; und wenn es nicht möglich ist, dies auf geradem Wege, ohne Umschweif, nämlich durch Uebermacht zu thun, so erreicht es doch ebenfalls sein Ziel, wenn es sich mit der historischen Bildung, meistens sogar ohne deren Mitwissen, verbündet und nun, aus ihr heraus redend, alles Werdende achselzuckend ablehnt und darüber das Gefühl des gar zu Ueberspäten und Epigonenhaften, kurz der angeborenen Grauhaarigkeit ausbreitet. Die herbe und tiefsinnig ernste Betrachtung über den Unwerth alles Geschehenen, über das zum-Gericht-Reifsein der Welt, hat sich zu dem skeptischen Bewusstsein verflüchtigt, dass es jedenfalls gut sei, alles Geschehene zu wissen, weil es zu spät dafür sei, etwas Besseres zu thun. So macht der historische Sinn seine Diener passiv und retrospectiv; und beinahe nur aus augenblicklicher Vergesslichkeit, wenn gerade jener Sinn intermittirt, wird der am historischen Fieber Erkrankte activ, um, sobald die Action vorüber ist, seine That zu seciren, durch analytische Betrachtung am Weiterwirken zu hindern und sie endlich zur »Historie« abzuhäuten. In diesem Sinne leben wir noch im Mittelalter, ist Historie immer noch eine verkappte Theologie: wie ebenfalls die Ehrfurcht, mit welcher der unwissenschaftliche Laie die wissenschaftliche Kaste behandelt, eine vom Clerus her vererbte Ehrfurcht ist. Was man früher der Kirche gab, das giebt man jetzt, obzwar spärlicher, der Wissenschaft: dass man aber giebt, hat einstmals die Kirche ausgewirkt, nicht aber erst der moderne Geist, der vielmehr, bei seinen anderen guten Eigenschaften, bekanntlich etwas Knauseriges hat und in der vornehmen Tugend der Freigiebigkeit ein Stümper ist.

Vielleicht gefällt diese Bemerkung nicht, vielleicht eben so wenig als jene Ableitung des Uebermaasses von Historie aus dem mittelalterlichen memento mori und aus der Hoffnungslosigkeit, die das Christenthum gegen alle kommenden Zeiten des irdischen Daseins im Herzen trägt. Man soll aber immerhin diese auch von mir nur zweifelnd hingestellte Erklärung durch bessere Erklärungen ersetzen; denn der Ursprung der historischen Bildung – und ihres innerlich ganz und gar radicalen Widerspruches gegen den Geist einer »neuen Zeit«, eines »modernen Bewusstseins« – dieser Ursprung *muss* selbst wieder historisch erkannt werden, die Historie *muss* das Problem der Historie selbst auflösen, das Wissen *muss* seinen Stachel gegen sich selbst kehren – dieses dreifache *Muss* ist der Imperativ des Geistes der »neuen Zeit«, falls in ihr wirklich etwas Neues, Mächtiges, Lebenverheissendes und Ursprüngliches ist. Oder sollte es wahr sein, dass wir Deutschen – um die romanischen Völker ausser dem Spiele zu lassen – in allen höheren Angelegenheiten der Cultur immer nur »Nachkommen« sein müssten, deshalb weil wir nur dies allein sein *könnten*, wie diesen sehr zu überlegenden Satz einmal Wilhelm Wackernagel ausgesprochen hat: »Wir Deutschen sind einmal ein Volk von Nachkommen, sind mit all unserem höheren Wissen, sind selbst mit unserem Glauben immer nur Nachfolger der alten Welt; auch die es feindlich gestimmt nicht wollen, athmen nächst dem Geiste des Christenthums unausgesetzt von dem unsterblichen Geiste altklassischer Bildung, und gelänge es Einem, aus der Lebensluft, die den inneren Menschen umgiebt, diese zwei Elemente auszuscheiden, so würde nicht viel übrig bleiben, um noch ein geistiges Leben damit zu fristen.« Selbst aber wenn wir bei diesem Berufe, Nachkommen des Althertums zu sein, uns gern beruhigen wollten, wenn wir uns nur entschlössen, ihn recht nachdrücklich ernst und gross zu nehmen und in dieser Nachdrücklichkeit unser auszeichnendes und einziges Vorrecht anzuerkennen, – so würden wir trotzdem genöthigt werden zu fragen, ob es ewig unsere Bestimmung sein müsse, *Zöglinge des sinkenden Alterthums* zu sein: irgend wann einmal mag es erlaubt sein, unser Ziel schrittweise höher und ferner zu stecken, irgend wann einmal sollten wir uns das Lob zusprechen dürfen, den Geist der alexandrinisch-römischen Cultur in uns – auch durch unsere universale Historie – so fruchtbringend und grossartig nachgeschaffen zu haben, um nun, als den edelsten Lohn, uns die noch gewaltigere Aufgabe stellen zu dürfen, hinter diese alexandrinische

Welt zurück und über sie hinaus zu streben, und unsere Vorbilder muthigen Blicks in der altgriechischen Urwelt des Grossen Natürlichen und Menschlichen zu suchen. *Dort aber finden wir auch die Wirklichkeit einer wesentlich unhistorischen Bildung und einer trotzdem oder vielmehr deswegen unsäglich reichen und lebensvollen Bildung.* Wären wir Deutschen selbst nichts als Nachkommen – wir könnten, indem wir auf eine solche Bildung als eine uns anzueignende Erbschaft blickten, gar nichts Grösseres und Stolzeres sein als eben Nachkommen.

Damit soll nur dies und nichts als dies gesagt sein, dass selbst der oftmals peinlich anmuthende Gedanke, Epigonen zu sein, gross gedacht, grosse Wirkungen und ein hoffnungsreiches Begehren der Zukunft, sowohl dem Einzelnen als einem Volke verbürgen kann: insofern wir uns nämlich als Erben und Nachkommen klassischer und erstaunlicher Mächte begreifen und darin unsere Ehre, unseren Sporn sehen. Nicht also wie verblasste und verkümmerte Spätlinge kräftiger Geschlechter, die als Antiquare und Todtengräber jener Geschlechter ein fröstelndes Leben fristen. Solche Spätlinge freilich leben eine ironische Existenz: die Vernichtung folgt ihrem hinkenden Lebensgange auf der Ferse; sie schaudern vor ihr, wenn sie sich des Vergangenen erfreuen, denn sie sind lebende Gedächtnisse, und doch ist ihr Gedenken ohne Erben sinnlos. So umfängt sie die trübe Ahnung, dass ihr Leben ein Unrecht sei, da ihm kein kommendes Leben Recht geben kann.

Dächten wir uns aber solche antiquarische Spätlinge plötzlich die Unverschämtheit gegen jene ironisch-schmerzliche Bescheidung eintauschen; denken wir sie uns, wie sie mit gellender Stimme verkünden: das Geschlecht ist auf seiner Höhe, denn jetzt erst hat es das Wissen über sich und ist sich selber offenbar geworden – so hätten wir ein Schauspiel, an dem als an einem Gleichniss die räthselhafte Bedeutung einer gewissen sehr berühmten Philosophie für die deutsche Bildung sich enträthseln wird. Ich glaube, dass es keine gefährliche Schwankung oder Wendung der deutschen Bildung in diesem Jahrhundert gegeben hat, die nicht durch die ungeheure bis diesen Augenblick fortströmende Einwirkung dieser Philosophie, der Hegelischen, gefährlicher geworden ist. Wahrhaftig, lähmend und verstimmend ist der Glaube, ein Spätling der Zeiten zu sein: furchtbar und zerstörend muss es aber erscheinen, wenn ein solcher Glaube eines Tages mit kecker Umstülpung diesen Spätling als den wahren Sinn und Zweck alles früher Geschehenen vergöttert, wenn sein wissendes Elend einer Vollendung der Weltgeschichte gleichgesetzt wird. Eine solche Betrachtungsart hat die Deutschen daran gewöhnt, vom »Weltprozess« zu reden und die eigne Zeit als das nothwendige Resultat dieses Weltprozesses zu rechtfertigen; eine solche Betrachtungsart hat die Geschichte an Stelle der anderen geistigen Mächte, Kunst und Religion, als einzig souverän gesetzt, insofern sie »der sich selbst realisirende Begriff«, in sofern sie »die Dialektik der Völkergeister« und das »Weltgericht« ist.

Man hat diese Hegelisch verstandene Geschichte mit Hohn das Wandeln Gottes auf der Erde genannt, welcher Gott aber seinerseits erst durch die Geschichte gemacht wird. Dieser Gott aber wurde sich selbst innerhalb der Hegelischen Hirnschalen durchsichtig und verständlich und ist bereits alle dialektisch möglichen Stufen seines Werdens, bis zu jener Selbstoffenbarung, emporgestiegen: so dass für Hegel der Höhepunkt und der Endpunkt des Weltprozesses in seiner eigenen Berliner Existenz zusammenfielen. Ja er hätte sagen müssen, dass alle nach ihm kommenden Dinge eigentlich nur als eine musikalische Coda des weltgeschichtlichen Rondos, noch eigentlicher, als überflüssig zu schätzen seien. Das hat er nicht gesagt: dafür hat er in die von ihm durchsäuerten Generationen jene Bewunderung vor der »Macht der Geschichte« gepflanzt, die praktisch alle Augenblicke in nackte Bewunderung des Erfolges umschlägt und zum Götzendienste des Thatsächlichen führt: für welchen Dienst man sich jetzt die sehr mythologische und ausserdem recht gut deutsche Wendung »den Thatsachen Rechnung tragen« allgemein eingeübt hat. Wer aber erst gelernt hat, vor der »Macht der Geschichte« den Rücken zu krümmen und den Kopf zu beugen, der nickt zuletzt chinesenhaft-mechanisch sein »Ja« zu jeder Macht, sei dies nun eine Regierung oder eine öffentliche Meinung oder eine Zahlen-Majorität, und bewegt seine Glieder genau in dem Takte, in welchem irgend eine »Macht« am Faden zieht. Enthält jeder Erfolg in sich eine vernünftige Nothwendigkeit, ist jedes

Ereigniss der Sieg des Logischen oder der »Idee« – dann nur hurtig nieder auf die Kniee und nun die ganze Stufenleiter der »Erfolge« abgekniet! Was, es gäbe keine herrschenden Mythologien mehr? Was, die Religionen wären im Aussterben? Seht euch nur die Religion der historischen Macht an, gebt Acht auf die Priester der Ideen-Mythologie und ihre zerschundenen Kniee! Sind nicht sogar alle Tugenden im Gefolge dieses neuen Glaubens? Oder ist es nicht Selbstlosigkeit, wenn der historische Mensch sich zum objectiven Spiegelglas ausblasen lässt? Ist es nicht Grossmuth, auf alle Gewalt im Himmel und auf Erden zu verzichten, dadurch dass man in jeder Gewalt die Gewalt an sich anbetet? Ist es nicht Gerechtigkeit, immer Wagschalen in den Händen zu haben und fein zuzusehen, welche als die stärkere und schwerere sich neigt? Und welche Schule der Wohlanständigkeit ist eine solche Betrachtung der Geschichte! Alles objectiv nehmen, über nichts zürnen, nichts lieben, alles begreifen, wie macht das sanft und schmiegsam: und selbst wenn ein in dieser Schule Aufgezogener öffentlich einmal zürnt und sich ärgert, so freut man sich daran, denn man weiss ja, es ist nur artistisch gemeint, es ist ira und studium und doch ganz und gar sine ira et studio.

Was für veraltete Gedanken habe ich gegen einen solchen Complex von Mythologie und Tugend auf dem Herzen! Aber sie sollen einmal heraus, und man soll nur immer lachen. Ich würde also sagen: die Geschiche prägt immer ein: »es war einmal«, die Moral: »ihr sollt nicht«

oder »ihr hättet nicht sollen«. So wird die Geschichte zu einem Compendium der thatsächlichen Unmoral. Wie schwer würde sich der irren, der die Geschichte zugleich als Richterin dieser thatsächlichen Unmoral ansähe! Es beleidigt zum Beispiel die Moral, dass ein Raffael sechs und dreissig Jahr alt sterben musste: solch ein Wesen sollte nicht sterben. Wollt ihr nun der Geschichte zu Hülfe kommen, als Apologeten des Thatsächlichen, so werdet ihr sagen: er hat alles, was in ihm lag, ausgesprochen, er hätte, bei längerem Leben, immer nur das Schöne als gleiches Schönes, nicht als neues Schönes schaffen können, und dergleichen. So seid ihr die Advocaten des Teufels und zwar dadurch, dass ihr den Erfolg, das Factum zu eurem Götzen macht: während das Factum immer dumm ist und zu allen Zeiten einem Kalbe ähnlicher gesehen hat als einem Gotte. Als Apologeten der Geschichte soufflirt euch überdies die Ignoranz: denn nur weil ihr nicht wisst, was eine solche natura naturans, wie Raffael, ist, macht es euch nicht heiss zu vernehmen, dass sie war und nicht mehr sein wird. Ueber Goethe hat uns neuerdings Jemand belehren wollen, dass er mit seinen 82 Jahren sich ausgelebt habe: und doch würde ich gern ein paar Jahre des »ausgelebten« Goethe gegen ganze Wagen voll frischer hochmoderner Lebensläufte einhandeln, um noch einen Antheil an solchen Gesprächen zu haben, wie sie Goethe mit Eckermann führte, und um auf diese Weise vor allen zeitgemässen Belehrungen durch die Legionäre des Augenblicks bewahrt zu bleiben. Wie wenige Lebende haben überhaupt, solchen Todten gegenüber, ein Recht zu leben! Dass die Vielen leben und jene Wenigen nicht mehr leben, ist nichts als eine brutale Wahrheit, das heisst eine unverbesserliche Dummheit, ein plumpes »es ist einmal so« gegenüber der Moral »es sollte nicht so sein«. Ja, gegenüber der Moral! Denn rede man von welcher Tugend man wolle, von der Gerechtigkeit, Grossmuth, Tapferkeit, von der Weisheit und dem Mitleid des Menschen – überall ist er dadurch tugendhaft, dass er sich gegen jene blinde Macht der Facta, gegen die Tyrannei des Wirklichen empört und sich Gesetzen unterwirft, die nicht die Gesetze jener Geschichtsfluctuationen sind. Er schwimmt immer gegen die geschichtlichen Wellen, sei es dass er seine Leidenschaften als die nächste dumme Thatsächlichkeit seiner Existenz bekämpft oder dass er sich zur Ehrlichkeit verpflichtet, während die Lüge rings um ihn herum ihre glitzernden Netze spinnt. Wäre die Geschichte überhaupt nichts weiter als »das Weltsystem von Leidenschaft und Irrthum«, so würde der Mensch so in ihr lesen müssen, wie Goethe den Werther zu lesen rieth, gleich als ob sie riefe: »sei ein Mann und folge mir nicht nach!« Glücklicher Weise bewahrt sie aber auch das Gedächtniss an die grossen Kämpfer *gegen die Geschichte*, das heisst gegen die blinde Macht des Wirklichen und stellt sich dadurch selbst an den Pranger, dass sie Jene gerade als die eigentlichen historischen Naturen heraushebt, die sich um das »So ist es« wenig kümmerten, um vielmehr mit heiterem Stolze einem »So soll es sein« zu folgen. Nicht ihr Geschlecht zu Grabe zu tragen, sondern ein neues Geschlecht zu begründen – das treibt sie unablässig vorwärts: und wenn sie selbst als Spätlinge geboren werden, – es giebt eine Art zu leben, dies vergessen zu machen; – die kommenden Geschlechter werden sie nur als Erstlinge erkennen.

9.

Ist vielleicht unsere Zeit ein solcher Erstling? – In der That, die Vehemenz ihres historischen Sinnes ist so gross und äussert sich in einer so universalen und schlechterdings unbegränzten Manier, dass hierin wenigstens die kommenden Zeiten ihre Erstlingschaft preisen werden – falls es nämlich überhaupt *kommende Zeiten*, im Sinne der Cultur verstanden, geben wird. Aber gerade hierüber bleibt ein schwerer Zweifel zurück. Dicht neben dem Stolze des modernen Menschen steht seine *Ironie* über sich selbst, sein Bewusstsein, dass er in einer historisirenden und gleichsam abendlichen Stimmung leben muss, seine Furcht, gar nichts mehr von seinen Jugendhoffnungen und Jugendkräften in die Zukunft retten zu können. Hier und da geht man doch weiter in's *Cynische* und rechtfertigt den Gang der Geschichte, ja der gesammten Weltentwickelung ganz eigentlich für den Handgebrauch des modernen Menschen, nach dem cynischen Kanon: gerade so musste es kommen, wie es gerade jetzt geht, so und nicht anders musste der Mensch werden wie jetzt die Menschen sind, gegen dieses Muss darf sich keiner auflehnen. In das Wohlgefühl eines derartigen Cynismus flüchtet sich der, welcher es nicht in der Ironie aushalten kann; ihm bietet überdies das letzte Jahrzehnt eine seiner schönsten Erfindungen zum Geschenke an, eine gerundete und volle Phrase für jenen Cynismus: sie nennt seine Art zeitgemäss und ganz und gar unbedenklich zu leben »die volle Hingabe der Persönlichkeit an den Weltprozess.« Die Persönlichkeit und der Weltprozess! Der Weltprozess und die Persönlichkeit des Erdflohs! Wenn man nur nicht ewig die Hyperbel aller Hyperbeln, das Wort: Welt, Welt, Welt, hören müsste, da doch Jeder, ehrlicher Weise, nur von Mensch, Mensch, Mensch reden sollte! Erben der Griechen und Römer? des Christenthums? Das scheint Alles jenen Cynikern nichts; aber Erben des Weltprozesses! Spitzen und Zielscheiben des Weltprozesses! Sinn und Lösung aller Werde-Räthsel überhaupt, ausgedrückt im modernen Menschen, der reifsten Frucht am Baume der Erkenntniss! – das nenne ich ein schwellendes Hochgefühl; an diesem Wahrzeichen sind die Erstlinge aller Zeiten zu erkennen, ob sie auch gleich zuletzt gekommen sind. So weit flog die Geschichtsbetrachtung noch nie, selbst nicht, wenn sie träumte; denn jetzt ist die Menschengeschichte nur die Fortsetzung der Thier- und Pflanzengeschichte; ja in den untersten Tiefen des Meeres findet der historische Universalist noch die Spuren seiner selbst, als lebenden Schleim; den ungeheuren Weg, welchen der Mensch bereits durchlaufen hat, wie ein

Wunder anstaunend, schwindelt dem Blicke vor dem noch erstaunlicheren Wunder, vor dem modernen Menschen selbst, der diesen Weg zu übersehen vermag. Er steht hoch und stolz auf der Pyramide des Weltprozesses: indem er oben darauf den Schlussstein seiner Erkenntniss legt, scheint er der horchenden Natur rings umher zuzurufen: »wir sind am Ziele, wir sind das Ziel, wir sind die vollendete Natur«.

Ueberstolzer Europäer des neunzehnten Jahrhunderts, du rasest! Dein Wissen vollendet nicht die Natur, sondern tödtet nur deine eigene. Miss nur einmal deine Höhe als Wissender an deiner Tiefe als Könnender. Freilich kletterst du an den Sonnenstrahlen des Wissens aufwärts zum Himmel, aber auch abwärts zum Chaos. Deine Art zu gehen, nämlich als Wissender zu klettern, ist dein Verhängniss; Grund und Boden weichen in's Ungewisse für dich zurück; für dein Leben giebt es keine Stützen mehr, nur noch Spinnefäden, die jeder neue Griff deiner Erkenntniss auseinanderreisst. – Doch darüber kein ernstes Wort mehr, da es möglich ist, ein heiteres zu sagen.

Das rasend-unbedachte Zersplittern und Zerfasern aller Fundamente, ihre Auflösung in ein immer fliessendes und zerfliessendes Werden, das unermüdliche Zerspinnen und Historisiren alles Gewordenen durch den modernen Menschen, die grosse Kreuzspinne im Knoten des Weltall-Netzes – das mag den Moralisten, den Künstler, den Frommen, auch wohl den Staatsmann beschäftigen und bekümmern; uns soll es heute einmal erheitern, dadurch dass wir dies alles im glänzenden Zauberspiegel eines *philosophischen Parodisten* sehen, indessen Kopfe die Zeit über sich selbst zum ironischen Bewusstsein, und zwar deutlich »bis zur Verruchtheit« (um Goethisch zu reden), gekommen ist. Hegel hat uns einmal gelehrt, »wenn der Geist einen Ruck macht, da sind wir Philosophen auch dabei«: unsere Zeit machte einen Ruck zur Selbstironie, und siehe! da war auch E. von Hartmann dabei und hatte seine berühmte Philosphie des Unbewussten – oder um deutlicher zu reden – seine Philosophie der unbewussten Ironie geschrieben. Selten haben wir eine lustigere Erfindung und eine mehr philosophische Schelmerei gelesen als die Hartmanns; wer durch ihn nicht über das *Werden* aufgeklärt, ja innerlich aufgeräumt wird, ist wirklich reif zum Gewesensein. Anfang und Ziel des Weltprozesses, vom ersten Stutzen des Bewusstseins bis zum Zurückgeschleudert-Werden in's Nichts, sammt der genau bestimmten Aufgabe unserer Generation für den Weltprozess, alles dargestellt aus dem so witzig erfundenen Inspirations-Borne des Unbewussten und im apokalyptischen Lichte leuchtend, alles so täuschend und zu so biederem Ernste nachgemacht, als ob es wirkliche Ernst-Philosophie und nicht nur Spass-Philosophie wäre: – ein solches Ganze stellt seinen Schöpfer als einen der ersten philosophischen Parodisten aller Zeiten hin: opfern wir also auf seinem Altar, opfern wir ihm, dem Erfinder einer wahren Universal-Medizin, eine Locke – um einen Schleiermacherischen Bewunderungs-Ausdruck zu stehlen.

Denn welche Medizin wäre heilsamer gegen das Uebermaass historischer Bildung als Hartmanns Parodie aller Welthistorie?

Wollte man recht trocken heraussagen, was Hartmann von dem umrauchten Dreifusse der unbewussten Ironie her uns verkündet, so wäre zu sagen: er verkündet uns, dass unsere Zeit nur gerade so sein müsse, wie sie ist, wenn die Menschheit dieses Dasein einmal ernstlich satt bekommen soll: was wir von Herzen glauben. Jene erschreckende Verknöcherung der Zeit, jenes unruhige Klappern mit den Knochen – wie es uns David Strauss naiv als schönste Thatsächlichkeit geschildert hat – wird bei Hartmann nicht nur von hinten, ex causis efficientibus, sondern sogar von vorne, ex causa finali, gerechtfertigt; von dem jüngsten Tage her lässt der Schalk das Licht über unsere Zeit strahlen, und da findet sich, dass sie sehr gut ist, nämlich für den, der möglichst stark an Unverdaulichkeit des Lebens leiden will und jenen jüngsten Tag nicht rasch genug heranwünschen kann. Zwar nennt Hartmann das Lebensalter, welchem die Menschheit sich jetzt nähert, das »Mannesalter«: das ist aber, nach seiner Schilderung, der beglückte Zustand, wo es nur noch »gdiegene Mittelmässigkeit« giebt und die Kunst das ist, was »dem Berliner Börsenmanne etwa Abends die Posse« ist, wo »die Genies kein Bedürfniss der Zeit mehr sind, weil es hiesse, die Perlen vor die Säue werfen oder auch weil die Zeit über das Stadium, welchem Genies gebührten, zu einem wichtigeren fortgeschritten ist«, zu jenem Stadium der socialen Entwickelung nämlich, in welchem jeder Arbeiter »bei einer Arbeitszeit, die ihm für seine intellectuelle Ausbildung genügende Musse lässt, ein comfortables Dasein führe.« Schalk aller Schalke, du sprichst das Sehnen der jetzigen Menschheit aus: du weisst aber gleichfalls, was für ein Gespenst am Ende dieses Mannesalters der Menschheit, als Resultat jener intellectuellen Ausbildung zur gediegenen Mittelmässigkeit, stehen wird – der Ekel. Sichtbar steht es ganz erbärmlich, es wird aber noch viel erbärmlicher kommen, »sichtbar greift der Antichrist weiter und weiter um sich« – aber es *muss* so stehen, es *muss* so kommen, denn mit dem Allen sind wir auf dem besten Wege – zum Ekel an allem Daseienden. »Darum rüstig vorwärts im Weltprozess als Arbeiter im Weinberge des Herrn, denn der Prozess allein ist es, der zur Erlösung führen kann!«

Der Weinberg des Herrn! Der Prozess! Zur Erlösung! Wer sieht und hört hier nicht die historische Bildung, die nur das Wort »werden« kennt, wie sie sich zur parodischen Missgestalt absichtlich vermummt, wie sie durch die vorgehaltene groteske Fratze die muthwilligsten Dinge über sich selbst sagt! Denn was verlangt eigentlich dieser letzte schalkische Anruf der Arbeiter im Weinberge von diesen? In welcher Arbeit sollen sie rüstig vorwärts streben? Oder um anders zu fragen: was hat der historisch Gebildete, der im Flusse des Werdens schwimmende und ertrunkene moderne Fanatiker des Prozesses noch zu thun übrig, um einmal jenen Ekel, die köstliche Traube jenes Weinberges, einzuzuernten? – Er hat nichts zu thun als fortzuleben, wie er gelebt hat, fortzulieben, was er geliebt hat, fortzuhassen, was er gehasst hat und die Zeitungen fortzulesen, die er gelesen hat, für ihn giebt es nur Eine Sünde – anders zu leben als er gelebt hat. Wie er aber gelebt hat, sagt uns in übermässiger Steinschrift-Deutlichkeit jene berühmte Seite mit den gross gedruckten Sätzen, über welche das ganze zeitgemässe Bildungs-Hefenthum in blindes Entzücken und entzückte Tobsucht gerathen ist, weil es in diesen Sätzen seine eigene Rechtfertigung, und zwar seine Rechtfertigung im apokalyptischen Lichte zu lesen glaubte. Denn von jedem Einzelnen forderte der unbewusste Parodist »die volle Hingabe der Persönlichkeit an den Weltprozess um seines Zieles, der Welterlösung willen«: oder noch heller und klarer: »die Bejahung des Willens zum Leben wird als das vorläufig allein Richtige proclamirt; denn nur in der vollen Hingabe an das Leben und seine Schmerzen, nicht in feiger persönlicher Entsagung und Zurückziehung, ist etwas für den Weltprozess zu leisten«, »das Streben nach individueller Willensverneinung ist eben so thöricht und nutzlos, ja noch thörichter als der Selbstmord«. »Der denkende Leser wird auch ohne weitere Andeutungen verstehen, wie eine auf diesen Principien errichtete praktische Philosophie sich gestalten würde, und dass eine solche nicht die Entzweiung, sondern nur die volle Versöhnung mit dem Leben enthalten kann.«

Der denkende Leser wird es verstehen: und man konnte Hartmann missverstehen! Und wie unsäglich lustig ist es, dass man ihn missversand! Sollten die jetzigen Deutschen sehr fein sein? Ein wackerer Engländer vermisst an ihnen delicacy of perception, ja wagt zu sagen »in the German mind there does seem to be something splay, something blunt-edged, unhandy and infelicitous« – ob der grosse deutsche Parodist wohl widersprechen würde? Zwar nähern wir uns, nach seiner Erklärung, »jenem idealen Zustande, wo das Menschengeschlecht seine Geschichte mit Bewusstsein macht«: aber offenbar sind wir von jenem vielleicht noch idealeren ziemlich entfernt, wo die Menschheit Hartmanns Buch mit Bewusstsein liest. Kommt es erst dazu, dann wird kein Mensch mehr das Wort »Weltprozess« durch seine Lippen schlüpfen lassen, ohne dass diese Lippen lächeln; denn man wird sich dabei der Zeit erinnern, wo man das parodische Evangelium Hartmanns mit der ganzen Biederkeit jenes »german mind«, ja mit »der Eule verzerrtem Ernste«, wie Goethe sagt, anhörte, einsog, bestritt, verehrte, ausbreitete und kanonisirte. Aber die Welt muss vorwärts, nicht erträumt werden kann jener ideale Zustand, er muss erkämpft und errungen werden, und nur durch Heiterkeit geht der Weg zur Erlösung, zur Erlösung von jenem missverständlichen Eulen-Ernste. Es wird die Zeit sein, in welcher man sich aller Constructionen des Weltprozesses oder auch der Menschheits-Geschichte weislich enthält, eine Zeit, in welcher man überhaupt nicht mehr die Massen betrachtet, sondern wieder die Einzelnen, die eine Art von Brücke über den wüsten Strom des Werdens bilden.

Diese setzen nicht etwa einen Prozess fort, sondern leben zeitlos-gleichzeitig, Dank der Geschichte, die ein solches Zusammenwirken zulässt, sie leben als die Genialen-Republik, von der einmal Schopenhauer erzählt; ein Riese ruft dem anderen durch die öden Zwischenräume der Zeiten zu, und ungestört durch muthwilliges lärmendes Gezwerge, welches unter ihnen wegkriecht, setzt sich das hohe Geistergespräch fort. Die Aufgabe der Geschichte ist es, zwischen ihnen die Mittlerin zu sein und so immer wieder zur Erzeugung des Grossen Anlass zu geben und Kräfte zu verleihen. Nein, das Ziel der Menschheit kann nicht am Ende liegen, sondern nur in ihren höchsten Exemplaren.

Dagegen sagt freilich unsere lustige Person mit jener bewunderungswürdigen Dialektik, welche gerade so ächt ist als ihre Bewunderer bewunderungswürdig sind: »So wenig es sich mit dem Begriffe der Entwickelung vertragen würde, dem Weltprozess eine unendliche Dauer in der Vergangenheit zuzuschreiben, weil dann jede irgend denkbare Entwickelung bereits durchlaufen sein müsste, was doch nicht der Fall ist«, (oh Schelm!) »eben so wenig können wir dem Prozesse eine unendliche Dauer für die Zukunft zugestehen; Beides höbe den Begriff der Entwickelung zu einem Ziele auf« (oh nochmals Schelm!) »und stellte den Weltprozess dem Wasserschöpfen der Danaiden gleich. Der vollendete Sieg des Logischen über das Unlogische« (oh Schelm der Schelme!) »muss aber mit dem zeitlichen Ende des Weltprozesses, dem jüngsten Tage, zusammenfallen«. Nein, du klarer und spöttischer Geist, so lange das Unlogische noch so vorwaltet wie heutzutage, so lange zum Beispiel noch vom »Weltprozess« unter allgemeiner Zustimmung geredet werden kann, wie du redest, ist der jüngste Tag noch fern: denn es ist noch zu heiter auf dieser Erde, noch manche Illusion blüht, zum Beispiel die Illusion deiner Zeitgenossen über dich, wir sind noch nicht reif dafür, in dein Nichts zurückgeschleudert zu werden: denn wir glauben daran, dass es hier sogar noch lustiger zugehen wird, wenn man erst angefangen hat dich zu verstehen, du unverstandener Unbewusster. Wenn aber trotzdem der Ekel mit Macht kommen sollte, so wie du ihn deinen Lesern prophezeit hast, wenn du mit deiner Schilderung deiner Gegenwart und Zukunft Recht behalten solltest – und Niemand hat beide so verachtet, so mit Ekel verachtet als du – so bin ich gern bereit, in der von dir vorgeschlagenen Form mit der Majorität dafür zu stimmen, dass nächsten Samstag Abend pünktlich zwölf Uhr deine Welt untergehen solle: und unser Decret mag schliessen: von morgen an wird keine Zeit mehr sein und keine Zeitung mehr erscheinen. Vielleicht aber bleibt die Wirkung aus, und wir haben umsonst decretirt: nun, dann fehlt es uns jedenfalls nicht an der Zeit zu einem schönen Experiment. Wir nehmen eine Wage und legen in die eine der Wagschalen Hartmanns Unbewusstes, in die andere Hartmanns Weltprozess. Es giebt Menschen, welche glauben, dass sie beide gleich viel wiegen werden: denn in jeder Schale läge ein gleich schlechtes Wort und ein gleich guter Scherz. – Wenn erst einmal Hartmanns Scherz begriffen ist, so wird Niemand Hartmanns Wort vom »Weltprozess« mehr brauchen als eben zum Scherz. In der That, es ist längst an der Zeit, gegen die Ausschweifungen des historischen Sinnes, gegen die übermässige Lust am Prozesse auf Unkosten des Seins und Lebens, gegen das besinnungslose Verschieben aller Perspektiven mit dem ganzen Heerbanne satirischer Bosheiten vorzurücken; und es soll dem Verfasser der Philosophie des Unbewussten stets zum Lobe nachgesagt werden, dass es ihm zuerst gelungen ist, das Lächerliche in der Vorstellung des »Weltprozesses« scharf zu empfinden und durch den sonderlichen Ernst seiner Darstellung noch schärfer nachempfinden zu lassen. Wozu die »Welt« da ist, wozu die »Menschheit« da ist, soll uns einstweilen gar nicht kümmern, es sei denn, dass wir uns einen Scherz machen wollen: denn die Vermessenheit des kleinen Menschengewürms ist nun einmal das Scherzhafteste und Heiterste auf der Erdenbühne; aber wozu du Einzelner da bist, das frage ich dich, und wenn es dir Keiner sagen kann, so versuche es nur einmal, den Sinn deines Daseins gleichsam a posteriori zu rechtfertigen, dadurch dass du dir selber einen Zweck, ein Ziel, ein »Dazu« vorsetzest, ein hohes und edles »Dazu«. Gehe nur an ihm zu Grunde – ich weiss keinen besseren Lebenszweck als am Grossen und Unmöglichen, animae magnae prodigus, zu Grunde zu gehen. Wenn dagegen die Lehren vom souveränen Werden, von der Flüssigkeit aller Begriffe, Typen und Arten, von dem Mangel aller cardinalen Verschiedenheit zwischen

Mensch und Thier – Lehren, die ich für wahr, aber für tödtlich halte – in der jetzt üblichen Belehrungs-Wuth noch ein Menschenalter hindurch in das Volk geschleudert werden, so soll es Niemanden Wunder nehmen, wenn das Volk am egoistischen Kleinen und Elenden, an Verknöcherung und Selbstsucht zu Grunde geht, zuerst nämlich auseinanderfällt und aufhört Volk zu sein: an dessen Stelle dann vielleicht Systeme von Einzelegoismen, Verbrüderungen zum Zweck raubsüchtiger Ausbeutung der Nicht-Brüder und ähnliche Schöpfungen utilitarischer Gemeinheit auf dem Schauplatze der Zukunft auftreten werden. Man fahre nur fort, um diesen Schöpfungen vorzuarbeiten, die Geschichte vom Standpunkte der *Massen* zu schreiben und nach jenen Gesetzen in ihr zu suchen, die aus den Bedürfnissen dieser Massen abzuleiten sind, also nach den Bewegungsgesetzen der niederen Lehm- und Thonschichten der Gesellschaft. Die Massen scheinen mir nur in dreierlei Hinsicht einen Blick zu verdienen: einmal als verschwimmende Copien der grossen Männer, auf schlechtem Papier und mit abgenutzten Platten hergestellt, sodann als Widerstand gegen die Grossen und endlich als Werkzeuge der Grossen; im Uebrigen hole sie der Teufel und die Statistik! Wie, die Statistik bewiese, dass es Gesetze in der Geschichte gäbe? Gesetze? Ja, sie beweist, wie gemein und ekelhaft uniform die Masse ist: soll man die Wirkung der Schwerkräfte Dummheit, Nachäfferei, Liebe und Hunger Gesetze nennen? Nun, wir wollen es zugeben, aber damit steht dann auch der

Satz fest: so weit es Gesetze in der Geschichte giebt, sind die Gesetze nichts werth und ist die Geschichte nichts werth. Gerade diejenige Art der Historie ist aber jetzt allgemein in Schätzung, welche die grossen Massentriebe als das Wichtige und Hauptsächliche in der Geschichte nimmt und alle grossen Männer nur als den deutlichsten Ausdruck, gleichsam als die sichtbar werdenden Bläschen auf der Wasserfluth betrachtet. Da soll die Masse aus sich heraus das Grosse, das Chaos also aus sich heraus die Ordnung gebären; am Ende wird dann natürlich der Hymnus auf die gebärende Masse angestimmt. »Gross« wird dann alles das genannt, was eine längere Zeit eine solche Masse bewegt hat und, wie man sagt, »eine historische Macht« gewesen ist. Heisst das aber nicht recht absichtlich Quantität und Qualität verwechseln? Wenn die plumpe Masse irgend einen Gedanken, zum Beispiel einen Religionsgedanken, recht adäquat gefunden hat, ihn zäh vertheidigt und durch Jahrhunderte fortschleppt: so soll dann, und gerade dann erst der Finder und Gründer jenes Gedankens gross sein. Warum doch! Das Edelste und Höchste wirkt gar nicht auf die Massen; der historische Erfolg des Christenthums, seine historische Macht, Zähigkeit und Zeitdauer, alles das beweist glücklicherweise nichts in Betreff der Grösse seines Gründers, da es im Grunde gegen ihn beweisen würde: aber zwischen ihm und jenem historischen Erfolge liegt eine sehr irdische und dunkle Schicht von Leidenschaft, Irrthum, Gier nach Macht und Ehre, von fortwirkenden Kräften des imperium romanum, eine

Schicht, aus der das Christenthum jenen Erdgeschmack und Erdenrest bekommen hat, der ihm die Fortdauer in dieser Welt ermöglichte und geichsam seine Haltbarkeit gab. Die Grösse soll nicht vom Erfolge abhangen, und Demosthenes hat Grösse, ob er gleich keinen Erfolg hatte. Die reinsten und wahrhaftigsten Anhänger des Christenthums haben seinen weltlichen Erfolg, seine sogenannte »historische Macht« immer eher in Frage gestellt und gehemmt als gefördert; denn sie pflegten sich ausserhalb »der Welt« zu stellen und kümmerten sich nicht um den »Prozess der christlichen Idee«; weshalb sie meistens der Historie auch ganz unbekannt und ungenannt geblieben sind. Christlich ausgedrückt: so ist der Teufel der Regent der Welt und der Meister der Erfolge und des Fortschrittes; er ist in allen historischen Mächten die eigentliche Macht, und dabei wird es im Wesentlichen bleiben – ob es gleich einer Zeit recht peinlich in den Ohren klingen mag, welche an die Vergötterung des Erfolges und der historischen Macht gewöhnt ist. Sie hat sich nämlich gerade darin geübt die Dinge neu zu benennen und selbst den Teufel umzutaufen. Es ist gewiss die Stunde einer grossen Gefahr: die Menschen scheinen nahe daran zu entdecken, dass der Egoismus der Einzelnen, der Gruppen oder der Massen zu allen Zeiten der Hebel der geschichtlichen Bewegungen war; zugleich aber ist man durch diese Entdeckung keineswegs beunruhigt, sondern man decretirt: der Egoismus soll unser Gott sein. Mit diesem neuen Glauben schickt man sich an, mit deutlichster Absichtlichkeit die kommende

Geschichte auf dem Egoismus zu errichten: nur soll es ein kluger Egoismus sein, ein solcher, der sich einige Beschränkungen auferlegt, um sich dauerhaft zu befestigen, ein solcher, der die Geschiche deshalb gerade studirt, um den unklugen Egoismus kennen zu lernen. Bei diesem Studium hat man gelernt, dass dem Staate eine ganz besondere Mission in dem zu gründenden Weltsysteme des Egoismus zukomme: er soll der Patron aller klugen Egoismen werden, um sie mit seiner militärischen und polizeilichen Gewalt gegen die schrecklichen Ausbrüche des unklugen Egoismus zu schützen. Zu dem gleichen Zwecke wird auch die Historie – und zwar als Thier- und Menschenhistorie – in die gefährlichen, weil unklugen, Volksmassen und Arbeiterschichten sorglich eingerührt, weil man weiss, dass ein Körnlein von historischer Bildung im Stande ist, die rohen und dumpfen Instincte und Begierden zu brechen oder auf die Bahn des verfeinerten Egoismus hinzuleiten. In summa: der Mensch nimmt jetzt, mit E. von Hartmann zu reden, »auf eine bedächtig in die Zukunft schauende praktisch wohnliche Einrichtung in der irdischen Heimat Bedacht.« Derselbe Schriftsteller nennt eine solche Periode das »Mannesalter der Menschheit« und spottet damit über das, was jetzt »Mann« genannt wird, als ob darunter allein der ernüchterte Selbstsüchtling verstanden werde; wie er ebenfalls nach einem solchen Mannesalter ein dazu gehöriges Greisenalter prophezeit, ersichtlich aber auch nur damit seinen Spott an unseren zeitgemässen Greisen auslassend: denn er redet von ihrer reifen

Beschaulichkeit, mit welcher sie die »ganzen wüst durchstürmten Leiden ihres vergangenen Lebenslaufes überschauen und die Eitelkeit der bisherigen vermeintlichen Ziele ihres Strebens begreifen«. Nein, einem Mannesalter jenes verschlagenen und historisch gebildeten Egoismus entspricht ein mit widriger Gier und würdelos am Leben hängendes Greisenalter und sodann ein letzter Akt, mit dem

>»die seltsam wechselnde Geschichte schliesst,
>als die zweite Kindheit, gänzliches Vergessen,
>ohn' Augen, ohne Zahn, Geschmack und Alles«.

Ob die Gefahren unseres Lebens und unserer Cultur nun von diesen wüsten, zahn- und geschmacklosen Greisen, ob sie von jenen sogenannten »Männern« Hartmanns kommen: beiden gegenüber wollen wir das Recht unserer *Jugend* mit den Zähnen festhalten und nicht müde werden, in unserer Jugend die Zukunft gegen jene Zukunftsbilder-Stürmer zu vertheidigen. Bei diesem Kampfe müssen wir aber auch eine besonders schlimme Wahrnehmung machen: *dass man die Ausschweifungen des historischen Sinnes, an welchen die Gegenwart leidet, absichtlich fördert, ermuthigt und – benutzt.*

Man benutzt sie aber gegen die Jugend, um diese zu jener überall erstrebten Mannesreife des Egoismus abzurichten, man benutzt sie, um den natürlichen Widerwillen der Jugend durch eine verklärende, nämlich wissenschaftlich-magische Beleuchtung jenes männlichunmännlichen Egoismus zu brechen. Ja man weiss, was die Historie durch ein gewisses Uebergewicht vermag, man weiss es nur zu genau: die stärksten Instincte der Jugend: Feuer, Trotz, Selbstvergessen und Liebe zu entwurzeln, die Hitze ihres Rechtsgefühles herabzudämpfen, die Begierde langsam auszureifen durch die Gegenbegierde, schnell fertig, schnell nützlich, schnell fruchtbar zu sein, zu unterdrücken oder zurückzudrängen, die Ehrlichkeit und Keckheit der Empfindung zweiflerisch anzukränkeln; ja sie vermag es selbst, die Jugend um ihr schönstes Vorrecht zu betrügen, um ihre Kraft, sich in übervoller Gläubigkeit einen grossen Gedanken einzupflanzen und zu einem noch grösseren aus sich heraus wachsen zu lassen. Ein gewisses Uebermaass von Historie vermag das Alles, wir haben es gesehen: und zwar dadurch, dass sie dem Menschen durch fortwährendes Verschieben der Horizont-Perspektiven, durch Beseitigung einer umhüllenden Atmosphäre nicht mehr erlaubt, *unhistorisch* zu empfinden und zu handeln. Er zieht sich dann aus der Unendlichkeit des Horizontes auf sich selbst, in den kleinsten egoistischen Bezirk zurück und muss darin verdorren und trocken werden: wahrscheinlich bringt er es zur Klugheit: nie zur Weisheit. Er lässt mit sich reden, rechnet und verträgt sich mit den Thatsachen, wallt nicht auf, blinzelt und versteht es, den eigenen Vortheil oder den seiner Partei im fremden Vortheil und Nachtheil zu suchen; er verlernt die überflüssige Scham und wird so schrittweise zum Hartmann'schen »Manne« und »Greise«. Dazu aber *soll* er werden, gerade dies ist der Sinn der jetzt so cynisch geforderten »vollen Hingabe der Persönlichkeit an den Weltprozess« – um seines Zieles, der Welterlösung willen, wie uns E. von Hartmann, der Schalk, versichert. Nun, Wille und Ziel jener Hartmannschen »Männer und Greise« ist wohl schwerlich gerade die Welterlösung: sicherlich aber wäre die Welt erlöster, wenn sie von diesen Männern und Greisen erlöst wäre. Denn dann käme das Reich der Jugend. –

10.

An dieser Stelle der *Jugend* gedenkend, rufe ich Land! Land! Genug und übergenug der leidenschaftlich suchenden und irrenden Fahrt auf dunklen fremden Meeren! Jetzt endlich zeigt sich eine Küste: wie sie auch sei, an ihr muss gelandet werden, und der schlechteste Nothhafen ist besser als wieder in die hoffnungslose skeptische Unendlichkeit zurückzutaumeln. Halten wir nur erst das Land fest; wir werden später schon die guten Häfen finden und den Nachkommenden die Anfahrt erleichtern.

Gefährlich und aufregend war diese Fahrt. Wie fern sind wir jetzt der ruhigen Beschauung, mit der wir zuerst unser Schiff hinaus schwimmen sahen. Den Gefahren der Historie nachspürend haben wir allen diesen Gefahren uns am stärksten ausgesetzt befunden; wir selbst tragen die Spuren jener Leiden, die in Folge eines Uebermaasses von Historie über die Menschen der neueren Zeit gekommen sind, zur Schau, und gerade diese Abhandlung zeigt, wie ich mir nicht verbergen will, in der Unmässigkeit ihrer Kritik, in der Unreife ihrer Menschlichkeit, in dem häufigen Uebergang von Ironie zum Cynismus, von Stolz zur Skepsis, ihren modernen Charakter, den Charakter der schwachen Persönlichkeit. Und doch vertraue ich der inspirirenden Macht, die mir anstatt eines Genius das Fahrzeug lenkt, ich vertraue der *Jugend*, dass sie mich recht geführt habe, wenn sie mich jetzt zu einem *Proteste gegen die historische Jugenderziehung des modernen Menschen* nöthigt und wenn der Protestirende fordert, dass der Mensch vor allem zu leben lerne, und nur *im Dienste des erlernten Lebens* die Historie gebrauche. Man muss jung sein, um diesen Protest zu verstehen, ja man kann, bei der zeitigen Grauhaarigkeit unserer jetzigen Jugend, kaum jung genug sein, um noch zu spüren, wogegen hier eigentlich protestirt wird. Ich will ein Beispiel zu Hülfe nehmen. In Deutschland ist es nicht viel länger als ein Jahrhundert her, dass in einigen jungen Menschen ein natürlicher Instinct für das, was man Poesie nennt, erwachte. Denkt man etwa, dass die Generationen vorher und zu jener Zeit von jener ihnen innerlich fremden und unnatürlichen Kunst gar nicht geredet hätten? Man weiss das Gegentheil: dass sie mit Leibeskräften über »Poesie« nachgedacht, geschrieben, gestritten haben, mit Worten über Worte, Worte, Worte. Jene eintretende Erweckung eines Wortes zum Leben war nicht sogleich auch der Tod jener Wortmacher, in gewissem Verstande leben sie jetzt noch; denn wenn schon, wie Gibbon sagt, nichts als Zeit, aber viel Zeit dazu gehört, dass eine Welt untergeht, so gehört auch nichts als Zeit, aber noch viel mehr Zeit dazu, dass in Deutschland, dem »Lande der Allmählichkeit«, ein falscher Begriff zu Grunde geht. Immerhin: es giebt jetzt vielleicht hundert Menschen mehr als vor hundert Jahren, welche wissen, was Poesie ist; vielleicht giebt es hundert Jahre später wieder hundert Menschen mehr, die inzwischen auch gelernt haben, was Cultur ist, und dass die Deutschen bis jetzt keine Cultur haben, so sehr sie auch reden und stolziren mögen. Ihnen wird das so allgemeine Behagen der Deutschen an ihrer »Bildung« ebenso unglaublich und läppisch vorkommen als uns die einstmalig anerkannte Klassicität Gottscheds oder die Geltung Ramlers als eines deutschen Pindar. Sie werden vielleicht urtheilen, dass diese Bildung nur eine Art Wissen um die Bildung und dazu ein recht falsches und oberflächliches Wissen gewesen sei. Falsch und oberflächlich nämlich, weil man den Widerspruch von Leben und Wissen ertrug, weil man das Charakteristische an der Bildung wahrer Culturvölker gar nicht sah: dass die Cultur nur aus dem Leben hervorwachsen und herausblühen kann; während sie bei den Deutschen wie eine papierne Blume aufgesteckt oder wie eine Ueberzuckerung übergegossen wird und deshalb immer lügnerisch und unfruchtbar bleiben muss. Die deutsche Jugenderziehung geht aber gerade von diesem falschen und unfruchtbaren Begriffe der Cultur aus: ihr Ziel, recht rein und hoch gedacht, ist gar nicht der freie Gebildete, sondern der Gelehrte, der wissenschaftliche Mensch und zwar der möglichst früh nutzbare wissenschaftliche Mensch, der sich abseits von dem Leben stellt, um es recht deutlich zu erkennen; ihr Resultat, recht empirisch-gemein angeschaut, ist der historisch-aesthetische Bildungsphilister, der altkluge und neuweise Schwätzer über Staat, Kirche und Kunst, das Sensorium für tausenderlei Anempfindungen, der unersättliche Magen, der doch nicht weiss, was ein rechtschaffner Hunger und Durst ist. Dass eine Erziehung mit jenem Ziele und mit diesem Resultate eine widernatürliche ist, das fühlt nur der in ihr noch nicht fertig gewordene Mensch, das fühlt allein der Instinct der Jugend, weil sie noch den Instinct der Natur hat, der erst künstlich und gewaltsam durch jene Erziehung gebrochen wird. Wer aber diese Erziehung wiederum brechen will, der muss der Jugend zum Worte verhelfen, der muss ihrem unbewussten Widerstreben mit der Helligkeit der Begriffe voranleuchten und es zu einem bewussten und laut redenden Bewusstsein machen. Wie erreicht er wohl ein so befremdliches Ziel? –

Vor allem dadurch, dass er einen Aberglauben zerstört, den Glauben an die *Nothwendigkeit* jener Erziehungs-Operation. Meint man doch, es gäbe gar keine andre Möglichkeit als eben unsere jetzige höchst leidige Wirklichkeit. Prüfe nur Einer die Litteratur des höheren Schul- und Erziehungswesens aus den letzten Jahrzehnten gerade darauf hin: der Prüfende wird zu seinem unmuthigen Erstaunen gewahr werden, wie gleichförmig bei allen Schwankungen der Vorschläge, bei aller Heftigkeit der Widersprüche die gesammte Absicht der Erziehung gedacht wird, wie unbedenklich das bisherige Ergebniss, der »gebildete Mensch«, wie er jetzt verstanden wird, als nothwendiges und vernünftiges Fundament jeder weiteren Erziehung angenommen ist. So aber würde jener eintönige Kanon ungefähr lauten: der junge Mensch hat mit einem Wissen um die Bildung, nicht einmal mit einem Wissen um das Leben, noch weniger mit dem Leben und Erleben selbst zu beginnen. Und zwar wird dieses Wissen um die Bildung als historisches Wissen dem Jüngling eingeflösst oder eingerührt; das heisst, sein Kopf wird mit einer ungeheuren Anzahl von Begriffen angefüllt, die aus der höchst mittelbaren Kenntniss vergangner Zeiten und Völker, nicht aus der unmittelbaren Anschauung des Lebens abgezogen sind. Seine Begierde, selbst etwas zu erfahren und ein zusammenhängend lebendiges System von eignen Erfahrungen in sich wachsen zu fühlen – eine solche Begierde wird betäubt und gleichsam trunken gemacht, nämlich durch die üppige Vorspiegelung, als ob es in wenig Jahren möglich sei, die höchsten und merkwürdigsten Erfahrungen alter Zeiten und gerade der grössten Zeiten in sich zu summiren. Es ist ganz dieselbe wahnwitzige Methode, die unsre jungen bildenden Künstler in die Kunstkammern und Galerien führt, statt in die Werkstätte eines Meisters und vor allem in die einzige Werkstätte der einzigen Meisterin Natur. Ja als ob man so als flüchtiger Spaziergänger in der Historie den Vergangenheiten ihre Griffe und Künste, ihren eigentlichen

Lebensertrag, absehen könnte! Ja als ob das Leben selbst nicht ein Handwerk wäre, das aus dem Grunde und stätig gelernt und ohne Schonung geübt werden muss, wenn es nicht Stümper und Schwätzer auskriechen lassen soll! –

 Plato hielt es für nothwendig, dass die erste Generation seiner neuen Gesellschaft (im vollkommenen Staate) mit der Hülfe einer kräftigen *Nothlüge* erzogen werde; die Kinder sollten glauben lernen, dass sie alle schon eine Zeit lang träumend unter der Erde gewohnt hätten, woselbst sie von dem Werkmeister der Natur zurechtgeknetet und geformt wären. Unmöglich, sich gegen diese Vergangenheit aufzulehnen! Unmöglich, dem Werke der Götter entgegenzuwirken! Es soll als unverbrüchliches Naturgesetz gelten: wer als Philosoph geboren wird, hat Gold in seinem Leibe, wer als Wächter, nur Silber, wer als Arbeiter, Eisen und Erz. Wie es nicht möglich ist, diese Metalle zu mischen, erklärt Plato, so soll es nicht möglich sein, die Kastenordnung je um- und durcheinander zu werfen; der Glaube an die aeterna veritas dieser Ordnung ist das Fundament der neuen Erziehung und damit des neuen Staates. – So glaubt nun auch der moderne Deutsche an die aeterna veritas seiner Erziehung, seiner Art Cultur: und doch fällt dieser Glaube dahin, wie der platonische Staat dahingefallen wäre, wenn einmal der Nothlüge eine *Nothwahrheit* entgegengestellt wird: dass der Deutsche keine Cultur hat, weil er sie auf Grund seiner Erziehung gar nicht haben kann. Er will die Blume ohne Wurzel und Stengel:

er will sie also vergeben. Das ist die einfache Wahrheit, eine unangenehme und gröbliche, eine rechte Nothwahrheit.

In dieser Nothwahrheit muss aber *unsere erste Generation* erzogen werden; sie leidet gewiss an ihr am schwersten, denn sie muss durch sie sich selbst erziehen und zwar sich selbst gegen sich selbst, zu einer neuen Gewohnheit und Natur, heraus aus einer alten und ersten Natur und Gewohnheit: so dass sie mit sich altspanisch reden könnte Defienda me Dios de my Gott behüte mich vor mir, nämlich vor der mir bereits anerzognen Natur. Sie muss jene Wahrheit Tropfen für Tropfen kosten, als eine bittre und gewaltsame Medizin kosten, und jeder Einzelne dieser Generation muss sich überwinden, von sich zu urtheilen, was er als allgemeines Urtheil über eine ganze Zeit schon leichter ertragen würde: wir sind ohne Bildung, noch mehr, wir sind zum Leben, zum richtigen und einfachen Sehen und Hören, zum glücklichen Ergreifen des Nächsten und Natürlichen verdorben und haben bis jetzt noch nicht einmal das Fundament einer Cultur, weil wir selbst davon nicht überzeugt sind, ein wahrhaftiges Leben in uns zu haben. Zerbröckelt und auseinandergefallen, im Ganzen in ein Inneres und ein Aeusseres halb mechanisch zerlegt, mit Begriffen wie mit Drachenzähnen übersäet, Begriffs-Drachen erzeugend, dazu an der Krankheit der Worte leidend und ohne Vertrauen zu jeder eignen Empfindung, die noch nicht mit Worten abgestempelt ist: als eine solche unlebendige und doch unheimlich regsame

Begriffs- und Wort-Fabrik habe ich vielleicht noch das Recht von mir zu sagen cogito, ergo sum, nicht aber vivo, ergo cogito. Das leere »Sein«, nicht das volle und grüne »Leben« ist mir gewährleistet; meine ursprüngliche Empfindung verbürgt mir nur, dass ich ein denkendes, nicht dass ich ein lebendiges Wesen, dass ich kein animal, sondern höchstens ein cogital bin. Schenkt mir erst Leben, dann will ich euch auch eine Cultur daraus schaffen! – So ruft jeder Einzelne dieser ersten Generation, und alle diese Einzelnen werden sich unter einander an diesem Rufe erkennen. Wer wird ihnen dieses Leben schenken?

Kein Gott und kein Mensch: nur ihre eigne *Jugend*: entfesselt diese und ihr werdet mit ihr das Leben befreit haben. Denn es lag nur verborgen, im Gefängniss, es ist noch nicht verdorrt und erstorben – fragt euch selbst!

Aber es ist krank, dieses entfesselte Leben und muss geheilt werden. Es ist siech an vielen Uebeln und leidet nicht nur durch die Erinnerung an seine Fesseln – es leidet, was uns hier vornehmlich angeht, an der *historischen Krankheit*. Das Uebermaass von Historie hat die plastische Kraft des Lebens angegriffen, es versteht nicht mehr, sich der Vergangenheit wie einer kräftigen Nahrung zu bedienen. Das Uebel ist furchtbar, und trotzdem! Wenn nicht die Jugend die hellseherische Gabe der Natur hätte, so würde Niemand wissen, dass es ein Uebel ist und dass ein Paradies der Gesundheit verloren gegangen ist. Dieselbe Jugend erräth aber auch mit dem heilkräftigen Instincte derselben Natur, wie dieses Paradies wieder zu gewinnen ist; sie kennt die Wundsäfte und Arzneien gegen die historische Krankheit, gegen das Uebermaass des Historischen: wie heissen sie doch?

Nun, man wundere sich nicht, es sind die Namen von Giften: die Gegenmittel gegen das Historische heissen – *das Unhistorische und das Ueberhistorische*. Mit diesen Namen kehren wir zu den Anfängen unserer Betrachtung und zu ihrer Ruhe zurück.

Mit dem Worte »das Unhistorische« bezeichne ich die Kunst und Kraft *vergessen* zu können und sich in einen begrenzten *Horizont* einzuschliessen; »überhistorisch« nenne ich die Mächte, die den Blick von dem Werden ablenken, hin zu dem, was dem Dasein den Charakter des Ewigen und Gleichbedeutenden giebt, zu *Kunst* und *Religion*. Die *Wissenschaft* – denn sie ist es, die von Giften reden würde – sieht in jener Kraft, in diesen Mächten gegnerische Mächte und Kräfte; denn sie hält nur die Betrachtung der Dinge für die wahre und richtige, also für die wissenschaftliche Betrachtung, welche überall ein Gewordnes, ein Historisches und nirgends ein Seiendes, Ewiges sieht; sie lebt in einem innerlichen Widerspruche ebenso gegen die aeternisirenden Mächte der Kunst und Religion, als sie das Vergessen, den Tod des Wissens, hasst, als sie alle Horizont-Umschränkungen aufzuheben sucht und den Menschen in ein unendlich-unbegrenztes Lichtwellen-Meer des erkannten Werdens hineinwirft.

Wenn er nur darin leben könnte! Wie die Städte bei einem Erdbeben einstürzen und veröden und der Mensch nur zitternd und flüchtig sein Haus auf vulkanischem Grunde aufführt, so bricht das Leben selbst in sich zusammen und wird schwächlich und muthlos, wenn das *Begriffsbeben*, das die Wissenschaft erregt, dem Menschen das Fundament aller seiner Sicherheit und Ruhe, den Glauben an das Beharrliche und Ewige, nimmt. Soll nun das Leben über das Erkennen, über die Wissenschaft, soll das Erkennen über das Leben herrschen? Welche von beiden Gewalten ist die höhere und entscheidende? Niemand wird zweifeln: das Leben ist die höhere, die herrschende Gewalt, denn ein Erkennen, welches das Leben vernichtete, würde sich selbst mit vernichtet haben. Das Erkennen setzt das Leben voraus, hat also an der Erhaltung des Lebens dasselbe Interesse, welches jedes Wesen an seiner eignen Fortexistenz hat. So bedarf die Wissenschaft einer höheren Aufsicht und Ueberwachung; eine *Gesundheitslehre des Lebens* stellt sich dicht neben die Wissenschaft; und ein Satz dieser Gesundheitslehre würde eben lauten: das Unhistorische und das Ueberhistorische sind die natürlichen Gegenmittel gegen die Ueberwucherung des Lebens durch das Historische, gegen die historische Krankheit. Es ist wahrscheinlich, dass wir, die Historisch-Kranken, auch an den Gegenmitteln zu leiden haben. Aber dass wir an ihnen leiden, ist kein Beweis gegen die Richtigkeit des gewählten Heilverfahrens.

Und hier erkenne ich die Mission jener *Jugend*, jenes ersten Geschlechtes von Kämpfern und Schlangentödtern, das einer glücklicheren und schöneren Bildung und Menschlichkeit voranzieht, ohne von diesem zukünftigen Glücke und der einstmaligen Schönheit mehr zu haben als eine verheissende Ahnung. Diese Jugend wird an dem Uebel und an den Gegenmitteln zugleich leiden: und trotzdem glaubt sie einer kräftigeren Gesundheit und überhaupt einer natürlicheren Natur sich berühmen zu dürfen als ihre Vorgeschlechter, die gebildeten »Männer« und »Greise« der Gegenwart. Ihre Mission aber ist es, die Begriffe, die jene Gegenwart von »Gesundheit« und »Bildung« hat, zu erschüttern und Hohn und Hass gegen so hybride Begriffs-Ungeheuer zu erzeugen; und das gewährleistende Anzeichen ihrer eignen kräftigeren Gesundheit soll gerade dies sein, dass sie, diese Jugend nämlich, selbst keinen Begriff, kein Parteiwort aus den umlaufenden Wort- und Begriffsmünzen der Gegenwart zur Bezeichnung ihres Wesens gebrauchen kann, sondern nur von einer in ihr thätigen kämpfenden, ausscheidenden, zertheilenden Macht und von einem immer erhöhten Lebensgefühle in jeder guten Stunde überzeugt wird. Man mag bestreiten, dass diese Jugend bereits Bildung habe – aber für welche Jugend wäre dies ein Vorwurf? Man mag ihr Rohheit und Unmässigkeit nachsagen – aber sie ist noch nicht alt und weise genug, um sich zu bescheiden; vor allem braucht sie aber keine fertige Bildung zu heucheln und zu vertheidigen und geniesst alle Tröstungen und Vorrechte der Jugend, zumal das Vorrecht der tapferen unbesonnenen Ehrlichkeit und den begeisternden Trost der Hoffnung.

Von diesen Hoffenden weiss ich, dass sie alle diese Allgemeinheiten aus der Nähe verstehn und mit ihrer eigensten Erfahrung in eine persönlich gemeinte Lehre sich übersetzen werden; die Andern mögen einstweilen nichts als verdeckte Schüsseln wahrnehmen, die wohl auch leer sein können; bis sie einmal überrascht mit eignen Augen sehen, dass die Schüsseln gefüllt sind und dass Angriffe, Forderungen, Lebenstriebe, Leidenschaften in diesen Allgemeinheiten eingeschachtelt und zusammengedrückt lagen, die nicht lange Zeit so verdeckt liegen konnten. Diese Zweifler auf die Zeit, die alles an's Licht bringt, verweisend, wende ich mich zum Schluss an jene Gesellschaft der Hoffenden, um ihnen den Gang und Verlauf ihrer Heilung, ihrer Errettung von der historischen Krankheit und damit ihre eigne Geschichte bis zu dem Zeitpunkt durch ein Gleichniss zu erzählen, wo sie wieder gesund genug sein werden, von Neuem Historie zu treiben und sich der Vergangenheit unter der Herrschaft des Lebens, in jenem dreifachen Sinne, nämlich monumental oder antiquarisch oder kritisch, zu bedienen. In jenem Zeitpunkt werden sie unwissender sein, als die »Gebildeten« der Gegenwart; denn sie werden viel verlernt und sogar alle Lust verloren haben, nach dem, was jene Gebildeten vor allem wissen wollen, überhaupt noch hinzublicken; ihre Kennzeichen sind, von dem Gesichtsfelde jener Gebildeten aus gesehen, gerade ihre »Unbildung«, ihre Gleichgültigkeit und Verschlossenheit gegen vieles Berühmte, selbst gegen manches Gute. Aber sie sind, an jenem Endpunkte ihrer Heilung, wieder *Menschen* geworden und haben aufgehört, menschenähnliche Aggregate zu sein – das ist etwas! Das sind noch Hoffnungen! Lacht euch nicht dabei das Herz, ihr Hoffenden?

Und wie kommen wir zu jenem Ziele? werdet ihr fragen. Der Delphische Gott ruft euch, gleich am Anfange eurer Wanderung nach jenem Ziele, seinen Spruch entgegen »Erkenne dich selbst«. Es ist ein schwerer Spruch: denn jener Gott »verbirgt nicht und verkündet nicht, sondern zeigt nur hin«, wie Heraklit gesagt hat. Worauf weist er euch hin?

Es gab Jahrhunderte, in denen die Griechen in einer ähnlichen Gefahr sich befanden, in der wir uns befinden, nämlich an der Ueberschwemmung durch das Fremde und Vergangne, an der »Historie« zu Grunde zu gehen. Niemals haben sie in stolzer Unberührbarkeit gelebt: ihre »Bildung« war vielmehr lange Zeit ein Chaos von ausländischen, semitischen, babylonischen, lydischen aegyptischen Formen und Begriffen und ihre Religion ein wahrer Götterkampf des ganzen Orients: ähnlich etwa wie jetzt die »deutsche Bildung« und Religion ein in sich kämpfendes Chaos des gesammten Auslandes, der gesammten Vorzeit ist. Und trotzdem wurde die hellenische Cultur kein Aggregat, Dank jenem apollinischen Spruche. Die Griechen lernten allmählich *das Chaos zu organisiren*, dadurch dass sie sich, nach der delphischen Lehre, auf sich selbst, das heisst auf ihre ächten Bedürfnisse zurück besannen und die Schein-Bedürfnisse absterben liessen. So ergriffen sie wieder von sich Besitz; sie blieben nicht lange die überhäuften Erben und Epigonen des ganzen Orients; sie wurden selbst, nach beschwerlichem Kampfe mit sich selbst, durch die praktische Auslegung jenes Spruches, die glücklichsten Bereicherer und Mehrer des ererbten Schatzes und die Erstlinge und Vorbilder aller kommenden Culturvölker.

Dies ist ein Gleichniss für jeden Einzelnen von uns: er muss das Chaos in sich organisiren, dadurch dass er sich auf seine ächten Bedürfnisse zurückbesinnt. Seine Ehrlichkeit, sein tüchtiger und wahrhaftiger Charakter muss sich irgendwann einmal dagegen sträuben, dass immer nur nachgesprochen, nachgelernt, nachgeahmt werde; er beginnt dann zu begreifen, dass Cultur noch etwas Andres sein kann als *Dekoration des Lebens,* das heisst im Grunde doch immer nur Verstellung und Verhüllung; denn aller Schmuck versteckt das Geschmückte. So entschleiert sich ihm der griechische Begriff der Cultur – im Gegensatze zu dem romanischen – der Begriff der Cultur als einer neuen und verbesserten Physis, ohne Innen und Aussen, ohne Verstellung und Convention, der Cultur als einer Einhelligkeit zwischen Leben, Denken, Scheinen und Wollen. So lernt er aus seiner eignen Erfahrung, dass es die höhere Kraft der *sittlichen* Natur war, durch die den Griechen der Sieg über alle anderen Culturen gelungen ist, und dass jede Vermehrung der Wahrhaftigkeit auch eine vorbereitende Förderung der *wahren* Bildung sein muss: mag diese Wahrhaftigkeit auch gelegentlich der gerade in Achtung stehenden Gebildetheit ernstlich schaden, mag sie selbst einer ganzen dekorativen Cultur zum Falle verhelfen können.

Friedrich Nietzsche (1844–1900) war der letzte große deutsche Philosoph des 19. Jahrhunderts, ein radikaler Kulturkritiker, dessen Denken sich jeder systematischen Ordnung widersetzte und dessen Einfluß bis heute weltweit ungebrochen ist. Schon früh fiel die außerordentliche Begabung des Studenten der klassischen Philologie auf, der noch vor seiner Promotion eine Professur in Basel erhielt. Doch bereits seine ersten Veröffentlichungen erregten Anstoß, Unverständnis ob des ungewöhnlichen aphoristisch-ästhetischen Stils, der Nietzsche zum Dichter-Philosophen werden ließ. Sein ›Zarathustra‹ zeigt dies beispielhaft. Als im Jahre 1889 ein paralytischer Anfall in Turin das tätige Leben Nietzsches beendete, lagen nicht nur seine berühmten Werke vor, sondern ein ebenso umfangreiches unveröffentlichtes Oeuvre, das erst um die Mitte des Jahrhunderts kritisch zugänglich gemacht wurde.

Der vorliegende Band enthält aus den ›Unzeitgemäßen Betrachtungen‹, jenen kultur- und zeitkritischen Schriften, die ab 1873 erschienen, das Zweite Stück – die philosophisch wertvollste und in ihrer Nachwirkung bedeutsamste ›Unzeitgemäße‹. Mit Goethe beginnend, nimmt Nietzsche den herrschenden Historismus ins Visier, der den Menschen blind für die Gegenwart und für die Zukunft macht. In brillanter Manier plädiert er dafür, daß die Menschen sich die Geschichte dienstbar machen sollten, ohne ihr sklavisch zu dienen.

Friedrich Nietzsche im dtv

Sämtliche Werke
Kritische Studienausgabe
in 15 Bänden
Herausgegeben von
Giorgio Colli
und Mazzino Montinari
dtv/de Gruyter 5977
Alle Bände sind auch
einzeln lieferbar

Sämtliche Briefe
Kritische Studienausgabe
in 8 Bänden
Herausgegeben von
Giorgio Colli
und Mazzino Montinari
dtv/de Gruyter 5922

Weisheit für Übermorgen
Unterstreichungen aus dem
Nachlaß (1870-1889)
von Heinz Friedrich
dtv 2338

**Frühe Schriften
1854-1869**
BAW 1-5
5 Bände in Kassette
Nachdruck der Ausgabe
Friedrich Nietzsche:
Werke und Briefe
Historisch-kritische
Gesamtausgabe. Werke
(nach 5 Bänden
abgebrochen)
dtv 59022

**Nietzsche für Anfänger
Also sprach Zarathustra**
Eine Lese-einführung von
Rüdiger Schmidt und
Cord Spreckelsen
dtv 4664

Werner Ross
Der ängstliche Adler
Friedrich Nietzsches Leben
dtv 30427

Friedrich Nietzsche
Kritische Studienausgabe in 15 Einzelbänden

Herausgegeben von Giorgio Colli und Mazzino Montinari

Die Geburt der Tragödie
Unzeitgemäße
Betrachtungen I-IV
Nachgelassene Schriften
1870-1873 · dtv 2221

Menschliches, Allzumenschliches I und II
dtv 2222

Morgenröte
Idyllen aus Messina
Die fröhliche Wissenschaft
dtv 2223

Also sprach Zarathustra I-IV
dtv 2224

Jenseits von Gut und Böse
Zur Genealogie der Moral
dtv 2225

Der Fall Wagner
Götzen-Dämmerung
Der Antichrist · Ecce homo
Dionysos-Dithyramben
Nietzsche contra Wagner
dtv 2226

Nachgelassene Fragmente
1869-1874 · dtv 2227

Nachgelassene Fragmente
1875-1879 · dtv 2228

Nachgelassene Fragmente
1880-1882 · dtv 2229

Nachgelassene Fragmente
1882-1884 · dtv 2230

Nachgelassene Fragmente
1884-1885 · dtv 2231

Nachgelassene Fragmente
1885-1887 · dtv 2232

Nachgelassene Fragmente
1887-1889 · dtv 2233

Einführung in die KSA
Werk- und Siglenverzeichnis
Kommentar zu den
Bänden 1-13 · dtv 2234

Chronik zu Nietzsches Leben
Konkordanz
Verzeichnis sämtlicher
Gedichte
Gesamtregister · dtv 2235

dtv
Die Taschenbibliothek

Heinrich Böll
Irisches Tagebuch · dtv 8301

Doris Lessing
Die andere Frau · dtv 8302

Johann Wolfgang Goethe
Vier Jahreszeiten · dtv 8303

Umberto Eco
Streichholzbriefe · dtv 8304

William Shakespeare
Sonette · dtv 8305

Gabriel García Márquez
Chronik eines angekündigten
Todes · dtv 8306

Siegfried Lenz
Der Geist der Mirabelle · dtv 8307

Heinrich Heine
Deutschland. Ein Wintermärchen
dtv 8308

Edgar Allan Poe
Grube und Pendel · dtv 8309

Margriet de Moor
Bevorzugte Landschaft · dtv 8310

Ovid
Liebeskunst · dtv 8311

Heinrich von Kleist
Die Marquise von O… · dtv 8312

John Steinbeck
Von Mäusen und Menschen
dtv 8313

Joseph von Eichendorff
Aus dem Leben eines Taugenichts
dtv 8314

Daphne Du Maurier
Der kleine Fotograf · dtv 8315

Friedrich Nietzsche
Vom Nutzen und Nachtheil
der Historie für das Leben
dtv 8316

Günter Grass
Katz und Maus · dtv 8317

Theodor Fontane
Geschwisterliebe · dtv 8318

Botho Strauß
Die Widmung · dtv 8319

T. C. Boyle
Moderne Liebe · dtv 8320